Gaetano Mangiameli

L'ORIGINE PLURALE

Miti di fondazione kassena

edizioni
libreria Cortina
Milano

www.raffaellocortina.it

ISBN 978-88-7043-205-3

Prima edizione: 2017

Stampato da
Digital Print Service, Segrate (MI)
per conto di Raffaello Cortina Editore

Ristampe

0	1	2	3	4	5
2017	2018	2019	2020	2021	

INDICE

A Cholonia Asaa,
in memoria

NESSUNO È AUTOCTONO

CENNI INTRODUTTIVI

Tematizzare in antropologia culturale un concetto come quello di "origine" di un popolo è pericoloso. Per questa via si rischia, nella migliore delle ipotesi, di fornire un resoconto discutibile, come è capitato talvolta agli studiosi che si sono cimentati in imprese del genere, mentre nella peggiore delle ipotesi ci si espone all'accusa di riproporre o legittimare la retorica xenofoba della purezza, cui il riferimento alle origini può fornire un solido punto d'appoggio per efficaci strumentalizzazioni. In questo volume, tuttavia, si vuole compiere un'operazione di tutt'altro segno. Non si vuole scoprire o fissare l'origine di qualcuno, quanto riflettere sul senso dell'origine di qualcuno. Si intende mettere in luce il caso di un popolo la cui origine ha una dimensione plurale, che è in quanto tale un poderoso antidoto a qualunque ideale di purezza e omogeneità etnica o razziale.

Privi di un potere centralizzato sovraordinato all'intero gruppo etnico, i Kassena dell'Africa occidentale non possiedono alcuna spiegazione mitica, storica o letteraria della propria esistenza come gruppo etnico, cioè non coltivano in alcun modo una versione anche fittizia della propria origine unitaria. Questo è molto significativo in quanto l'origine comune è un elemento fondamentale del processo di modellamento dell'etnicità e della sua naturalizzazione (Barth, 1969). Dando per scontato un presupposto oggi ampiamente condiviso dagli antropologi, quello secondo cui l'etnicità è sempre e comunque terreno di negoziazione e costruzione, il caso dei Kassena richiama l'attenzione in quanto la loro finzione etnica ostenta l'assenza di un elemento di base della finzione stessa: la mitizzazione dell'origine comune.

Si può trarre spunto da un episodio storico per esperire il genere di difficoltà che si incontra nel tentativo di concepire una cornice istituzionalizzata o un modello stabile delle origini presso i Kassena. A giudicare da quanto raccontò il capitano Rattray nel suo volume del 1932, *The Tribes of the Ashanti Hinterland*, il suo incontro con Tedam Bayenvua, il capo supremo del *chiefdom* kassena di Paga, nel nord del Ghana, il quale era in carica all'inizio del periodo coloniale, dovette essere qualcosa a metà strada tra il sorprendente e lo sgradevole. Robert Sutherland Rattray, etnografo coloniale britannico, aveva visitato buona parte dell'allora Gold Coast e dei Northern Territories, formandosi un'immagine relativamente chiara degli assetti locali di potere. In particolare, egli aveva acquisito una competenza circa il modello politico-rituale dualistico tanto diffuso in Africa occidentale, che prevedeva e prevede la distinzione tra l'autorità sulla terra, affidata a linee di discendenza di "autoctoni", nella persona del signore della terra, e l'autorità sugli uomini, affidata a linee di discendenza di "immigrati", nella persona del capo villaggio o del capo supremo (vedi Fortes, 1945). Il contatto con la realtà politico-rituale di Paga, attraverso la mediazione del capo, produsse però in Rattray uno scoramento che traspare dal suo resoconto, quando sostiene che il capo, insieme ai suoi accoliti, aveva usurpato "le funzioni di quelli che avrebbero dovuto essere i suoi consiglieri ereditari" (Rattray, 1932, p. 538) e precisa che proprio a causa della personalità del capo gli era stato impossibile ottenere informazioni su alcuni argomenti.

L'asserzione del capo supremo che più colpì Rattray fu probabilmente "la terra è sempre stata mia". Dal punto di vista dell'osservatore britannico si trattava di un'affermazione inaccettabile: per secoli la gestione della terra doveva essere stata appannaggio del signore della terra (cioè di un discendente degli autoctoni), e forse solo pochi anni prima era stata usurpata dal lignaggio del capo supremo (un discendente degli immigrati o presunto tale). Ora, di fronte a lui, funzionario coloniale e studioso africanista sul campo, il capo supremo Tedam si comportava come se la divisione tra autorità sugli uomini e autorità sulla terra non fosse mai esistita, sconfessava una formazione sociale ben nota, che prevedeva che i due principi fossero appannaggio di due differenti linee di discendenza, quella degli immigrati e quella degli autoctoni, e rivendicava fieramente il controllo rituale, economico e politico della terra sulla base di una legittimità ancestrale. Di fatto, il più potente degli immigrati stava dicendo: "Io sono un autoctono. Noi siamo sempre stati qui". Pronunciato da un capo supremo il cui nome, Tedam, rinviava etimologicamente alla potenza (*dam*) della terra (*te*), questo proclama suona alle nostre orecchie ancora più forte.

Evidentemente Paga non corrispondeva al modello che Rattray aveva in mente, o meglio ancora, dal punto di vista di quest'ultimo, i Kassena di Paga dovevano essersi allontanati da quel modello che sintetizzava efficacemente la divisione legittima delle autorità locali. Nei limiti delle conoscenze disponibili, Rattray si muoveva sulla base di un assunto ragionevole: egli riteneva che i Kassena fossero caratterizzati dalla distinzione autoctoni/immigrati, peraltro condivisa più in generale nella regione, e che l'assetto di Paga, a sua volta, fosse omogeneo agli altri. In effetti, l'etnografo non aveva tutti i torti a stupirsi. Anche se l'opposizione tipica dell'Africa occidentale tra il capo come immigrato e il signore della terra come autoctono non sempre è così chiaramente delimitata o affermata (Mizzau, 2001, pp. 201-215; Viti, 1998, p. 121) e talvolta il signore della terra non si dichiara autoctono, ovvero "discendente del primo arrivato" (Aime, 1996, p. 342), era lecito attendersi che un capo kassena non avesse a che fare con la terra. Anche l'esame della letteratura etnografica contemporanea, d'altra parte, rafforza la percezione che i Kassena osservino una netta distinzione tra i due principi, al punto che secondo l'antropologa Danouta Liberski-Bagnoud (2002, p. 39) un capo kassena non dirà mai di "possedere la terra". Tuttavia, un capo supremo lo ha detto, e per di più lo ha fatto davanti a un testimone per niente incline al silenzio, un etnografo in attività.

Venendo al presente, a Paga si riscontra la presenza di signori della terra appartenenti alla linea di discendenza del capo supremo, mentre non è individuabile nessun segmento lignatico che rivendichi lo status di autoctono rispetto al capo. Per di più, si dice apertamente che "qui siamo tutti immigrati", anche e soprattutto da parte dei membri del lignaggio del capo, cioè i discendenti di Tedam Bayenvua, l'uomo che proclamava "Noi siamo sempre stati qui". Eppure, "qui siamo tutti immigrati" significa "qui nessuno è autoctono", un'affermazione che peraltro è difficilmente contestabile: quando nessuno si proclama autoctono sul piano mitico, non si può che prenderne atto.

Comunque si sia giunti alla situazione osservata da Rattray e a quella riscontrabile oggi, questione su cui attualmente non c'è modo di fare chiarezza, essa suggerisce una riflessione generale sui Kassena, a proposito della loro eterogeneità interna, che mette a rischio l'uso di modelli. In particolare, emergono difficoltà nel momento in cui a fondamento di un modello, come fonte ispiratrice di un sistema di aspettative, si voglia porre l'origine, intesa come strumento di legittimazione e stabilizzazione.

In questo volume si intende lavorare sulla memoria, la rappresentazione e l'autorappresentazione dei Kassena. Questo si traduce in tre punti principali: una riflessione sull'origine come tema elaborato dalla cultura kassena nei miti di fondazione (capp. 1, 2 e 5); una ricostruzione e un'interpretazione del processo di etnogenesi che ha dato vita all'invenzione dei Gurunsi, il "contenitore etnico" che include anche i Kassena (cap. 3); un resoconto delle "mnemotecniche dell'abitare", cioè del modello di insediamento inteso come mappa genealogica che inscrive nello spazio la memoria degli antenati e le relazioni di discendenza (cap. 4).

Parallelamente all'assenza di un livello di integrazione del potere in un'autorità centrale, il mondo culturale kassena possiede miti di fondazione la cui caratteristica principale, quella che peraltro ha stimolato inizialmente l'avvio del progetto di questo volume, è il legame con le singole località prese più o meno isolatamente. Ciascuno di tali miti, che possiamo definire "racconti eziologici" in quanto forniscono un resoconto sul tema dell'origine, consiste in una narrazione culturalmente densa dei fatti che portano alla nascita di una sola località kassena, sia essa un chiefdom o una suddivisione territoriale minore, come una "sezione". Ogni sezione territoriale (o villaggio) è costituita da *compound* e gruppi di *compound* che intrattengono tra loro relazioni di filiazione o discendenza, un fatto abbastanza elementare che può essere spiegato semplicemente esplicitando che un certo insediamento è "figlio" di un altro insediamento. Questo schema, tuttavia, diventa maggiormente profondo e stimolante se messo in movimento attraverso una descrizione processuale. È ciò che si tenta di fare nel capitolo 4, dove l'idea di un "villaggio" che "commemora" l'antenato di cui porta il nome, nozione più che consueta, viene riletta nei termini processuali di "uomini che diventano luoghi", attraverso un resoconto del ciclo di sviluppo che porta la casa kassena dalla nascita alla crescita, poi eventualmente alla decrescita e alla morte, e successivamente, in linea di principio, alla possibile rinascita. Più che fotografare gli insediamenti kassena qui e ora, fornendone una sorta di cartografia, si cerca quindi di mostrare la loro traiettoria di vita, individuando nella processualità l'autentico fondamento ontologico della vita sociale.

I miti di fondazione kassena non fanno che raccontare una parte di questo ciclo di sviluppo, al livello del chiefdom o delle sue suddivisioni genealogico-territoriali, le sezioni. Si tratta di miti spiccatamente locali, a fronte dell'assenza di un mito "federativo" che dia conto unitariamente dell'esistenza di un gruppo etnico come i Kassena, categoria nella quale, peraltro, tutte queste singole comunità si riconoscono appieno. Si registra quindi la corrispondenza tra una pluralità di racconti eziologici e una pluralità di centri di potere, una simmetria tra due molteplicità non sintetizzate in alcuna unità.

Ciascun mito guarda verso un altrove, in quanto mette in scena un movimento migratorio di qualche tipo e dunque collega almeno due località tra loro, facendo di una delle due l'origine dell'altra. La memoria, conseguentemente, risulta essere multisituata, in quanto ogni località "possiede", è il caso di dirlo, quasi esclusivamente il racconto della sequenza di eventi delle origini che la riguardano direttamente, e non si spinge più in là (vedi par. 1.7). Il quadro d'insieme è assente.

Un eventuale slancio volto a tessere insieme i miti locali, immaginandoli raccontare tutti insieme una storia più articolata, con maggiore profondità temporale, un raggio geografico più ampio e in definitiva un respiro più generale, non appartiene ai Kassena ma alla dimensione mitopoietica dell'antropologia stessa (par. 1.9). Intervenendo sui singoli miti, giustapponendoli gli uni agli altri e facendoli "parlare" insieme, le riflessioni che hanno portato a questo volume trascendono il livello effettivamente esperito dai Kassena nella performance della memoria, cioè nell'esercizio della loro narrazione mitica. Nonostante l'intenzione di rispettare lo spirito dei racconti eziologici, e in particolare la loro natura locale e limitata, il lavoro di accostamento dei miti e di riflessione su di essi costruisce di fatto un simulacro di quel mito unitario kassena che non esiste. È in questo senso che si può parlare di una parcellizzazione emica e di una ricomposizione etica (par. 5.2).

Accanto ai racconti eziologici locali, i Kassena possiedono inoltre un mito cosmogonico che descrive l'origine del mondo. Il resoconto della cosmogonia e i miti locali, tuttavia, sono separati da un'immensa ellissi narrativa che possiamo etichettare come il "vuoto del mito" (cap. 1). È qui che idealmente si collocherebbe anche il mito unitario assente, il "vuoto di memoria kassena". Tuttavia non si tratta tanto di sottolineare una lacuna di conoscenza storica sull'origine dei Kassena da parte dei Kassena stessi, cioè la mancanza di un resoconto "realmente reale" o "veramente vero" della storia di questo gruppo etnico. Il "vuoto di memoria" è anche e soprattutto una sorta di rinuncia a fingere. I Kassena hanno fatto a meno persino di inventarsi un resoconto mitico, una qualunque finzione narrativa volta a fornire una spiegazione anche del tutto fantasiosa della propria esistenza e dell'etnonimo che essi condividono. In questa maniera, tuttavia, essi disvelano appunto il carattere costruito delle identità etniche, in quanto lo rendono più evidente.

Preso atto di questa lacuna, si è deciso di interpretare il vuoto di memoria, più propriamente, come un silenzio istituzionalizzato dei Kassena, silenzio che merita di essere preso sul serio come documento culturale carico di senso. Dove si coglie un vuoto, l'assenza dell'origine comune, si insinua la molteplicità delle traiettorie storiche che hanno portato alla nascita delle singole località kassena di cui si narra nei miti locali di fondazione: l'origine plurale.

È con questo spirito che nei cinque capitoli di questo volume si intraprende un lavoro di ricognizione delle diverse sfaccettature del tema dell'origine in contesto kassena. Questa ricognizione ha innanzitutto l'intento di sganciare il tema delle origini da un orientamento "passatista", per mostrarne le potenzialità del tutto differenti. In effetti, in un'epoca in cui prevale uno spiccato orientamento dell'antropologia per le questioni di bruciante attualità, può sembrare quanto meno bizzarro o fuori luogo rilanciare un argomento di ricerca apparentemente vetusto e impolverato come i miti di fondazione di un popolo dell'Africa occidentale. Al contrario, si vuole mettere in luce la ricchezza e la varietà delle riflessioni che un mito di fondazione può suggerire. Lungi dall'essere semplicemente un oggetto musealizzato da inserire in un "catalogo" di "culture premoderne", il mito è una fucina di temi (par. 2.3), come si può esperire leggendo il mito di Kaya (Burkina Faso), nel capitolo 1, quello di Paga (Ghana), nel capitolo 2, e gli altri miti di cui si parla nel capitolo 5 (Tiakané, Pô e ancora Kaya in Burkina Faso; Chiana, Kayoro e Navrongo in Ghana).

Il vuoto del mito non deve necessariamente essere colmato. Esso, piuttosto, merita di essere interpretato. Una volta sgombrato il campo dall'equivoco secondo cui parlare dell'origine dovrebbe implicare a tutti i costi un irrigidimento identitario, si può provocatoriamente imboccare la strada inversa. L'assenza dell'origine comune, insieme alla conseguente concezione plurale della stessa, ha la capacità di depotenziare qualsiasi retorica della purezza. Quale purezza si può evocare, quando l'origine di un gruppo etnico è evidentemente declinata al plurale e dunque anche il ricorso alla nozione di identità diventa paradossale?

Questa argomentazione, tuttavia, non è pregiudiziale. Essa non è volta a imporre le preferenze ideologiche dell'antropologo indipendentemente dal contesto etnografico, facendo un uso del tutto gratuito e pretestuoso del vuoto di memoria dei Kassena per inserirvi ciò che risulta maggiormente gradito all'autore. Al contrario, è proprio il terreno etnografico a spingere nella direzione dell'origine plurale, anche se questo avviene senza una "dichiarazione esplicita" di un'autorità kassena (e non può che essere così, in un contesto in cui appunto non si è lavorato all'elaborazione di una finzione narrativa condivisa e in cui non esiste un'autorità centrale sovraordinata ai Kassena nella loro interezza). Il titolo di questo volume, in altre parole, è emerso dal dialogo proficuo e costruttivo con il materiale etnografico, su basi innanzitutto scientifico-intellettuali più che di natura morale.

Il mito di fondazione kassena può essere considerato una sorta di carta costituzionale che descrive le unità pertinenti del panorama politico-rituale di ogni chiefdom, fornendo una collocazione a segmenti lignatici, villaggi o chiefdom in una gerarchia della memoria, a partire da un movimento migratorio che viene evocato attraverso le vicende di un individuo, di una coppia di protagonisti o di una collettività. L'opposizione tra autoctoni e immigrati è l'asse intorno al quale si possono coordinare o allineare le altre informazioni e i motivi ricorrenti (non tutti sempre presenti) della narrazione: datori contro prenditori di mogli, lignaggio del *tiga tu* (signore della terra) contro lignaggio del *pe* (capo), culto delle divinità ambientali (*taŋwana*) contro corno feticcio del capo (*kwara*), in cui per ogni opposizione il primo elemento è collegato all'autoctono e il secondo all'immigrato. Il *kwara* è il feticcio della *paare* (termine kasem per *chieftaincy*), un corno che viene confezionato contestualmente all'installazione di un nuovo capo e a questi consegnato. L'operazione è curata da un lignaggio al quale si attribuisce lo status di "anziano" rispetto al lignaggio che esprime il capo (una relazione i cui fondamenti sono rintracciabili appunto nei racconti eziologici).

Questi elementi facilmente riconoscibili sono presenti in modalità variabili che non si può fare a meno di considerare con attenzione, in quanto è proprio attraverso tale variabilità che si afferma con forza una pluralità insopprimibile. Dall'esame dei "racconti eziologici" kassena è infatti opportuno richiamare in questa sede due aspetti che risultano particolarmente significativi: da un lato, come è abbastanza ovvio, i racconti delle origini presentano delle analogie (riconducibili più o meno alla "carta costituzionale" abbozzata sopra) grazie alle quali si riconosce facilmente l'appartenenza dei miti a un universo culturale condiviso; dall'altro lato, però, questo avviene non tanto grazie alla presenza uniforme di uno o più "tratti culturali", ma attraverso il meccanismo delle somiglianze di famiglia, cui non soggiace un'essenza primaria e condivisa. Nello stesso momento in cui si colgono le analogie, in altre parole, non si può fare a meno di percepire anche le differenze, che vanno intese come segnali di eventi storici irripetibili nella loro particolarità. Ognuna di queste testimonia una traiettoria particolare, la vicenda specifica che ha portato alla nascita di una località kassena le cui origini non hanno necessariamente a che fare con quelle delle altre.

Lungi dal mettere in scena un canovaccio che si ripete pedissequamente da un luogo all'altro, i racconti eziologici kassena conservano traccia di sequenze distinte di eventi, di linee di influenza differenti, di provenienze svariate e movimenti non omogenei. Questa mancanza di univocità, cioè la molteplicità inscritta nelle origini kassena, non è stata corretta o mascherata a posteriori da un mito federativo costruito appositamente: i Kassena hanno abbracciato e riprodotto l'origine plurale nello stesso momento in cui si sono dedicati a coltivare e considerare esclusivamente e separatamente i miti delle rispettive località specifiche.

Il lavoro di ricerca in antropologia ha notoriamente la caratteristica di prendere direzioni inaspettate, grazie alla natura sfuggente e multidimensionale dei fenomeni culturali. Il caso di questo volume non costituisce certo un'eccezione, in quanto, come si accennava, la memoria kassena si è rivelata un'autentica fucina di temi eterogenei. Nel primo capitolo, per esempio, emergono riflessioni sulla connessione simbolica tra la creazione del mondo e la donna, sul ruolo costruttivo della migrazione e dell'alterità, sul carattere multisituato della memoria e sulle potenzialità mitopoietiche dell'antropologia. La rinuncia a costruire un resoconto esaustivo della propria mitologia diventa quasi una rivendicazione di irriducibile autonomia e diversità da parte dei Kassena, ed è in questo senso che ci si propone di "salvare l'incompleto" riconoscendone il valore intellettuale (par. 1.10).

La stessa impresa di immersione dell'antropologo o del lettore nella mitologia kassena viene paragonata nel secondo capitolo a un episodio della stessa. In effetti, il segmento narrativo della tana dell'oritteropo si rivela foriero di sorprese non solo per il protagonista del mito, il quale vi si inoltra, ma anche per il lettore che vi coglie vari spunti di riflessione, per esempio sulle relazioni tra umani e non umani e sulle contraddizioni creative che smentiscono l'immagine ingenua della tradizione come apparato monolitico e omogeneizzante.

Accanto alla rielaborazione dei "racconti eziologici", la ricerca sulle tracce di passato dei Kassena conduce verso un'altra costruzione etnica, quella dei Gurunsi (capitolo 3), una categoria di cui i Kassena fanno parte insieme ad altri popoli della medesima regione. Mentre ci si confronta con una categoria etnica, quella dei Kassena, che si mostra priva di uno dei requisiti primari delle finzioni etniche, vale a dire l'origine comune fondata nel mito, ci si imbatte quindi in un ulteriore artificio concettuale, i Gurunsi, di cui è opportuno fare un lavoro di decostruzione e interpretazione. Anche questo lavoro chiama in causa la memoria, in quanto i Kassena hanno subito per secoli le razzie schiaviste da parte dei vicini regni, che vedevano in loro delle prede facili in quanto debolmente organizzati in società decentralizzate e che proprio per questa ragione iniziarono a chiamarli Gurunsi. Questo termine ha infatti una dimensione semantica complessa che è riconducibile alle idee di bottino di caccia, di incivile, di nudo: una formazione sociale inferiore e inerme, a completa disposizione dei regni centralizzati e schiavisti localizzati nei territori attuali del Burkina Faso e del Ghana. Accanto alle fonti scritte, relativamente frammentarie, è la memoria inscritta nello spazio (che è oggetto in particolare del cap. 4) a conservare testimonianza anche delle razzie schiavistiche, come viene mostrato a proposito della struttura delle abitazioni e del ruolo delle divinità ambientali (paragrafi 3.4 e 3.6). La doppia identificazione Kassena-Gurunsi suggerisce inoltre che se da un lato i Kassena sfuggono alla tentazione di costruirsi un rigido apparato identitario fondato su un'origine mitica e sacralizzata, dall'altro hanno rischiato di scomparire perché fusi in una categoria più ampia sotto l'impatto della violenza schiavista. A sua volta, la stessa categoria etnica più ampia, i Gurunsi, era nata proprio dall'assenza di un profilo rigido e fortificato: la mancanza di un mito di origine comune sembra essere collegata alla mancanza di centralizzazione politica, che è esattamente l'elemento strutturale che attirò su di loro la violenza schiavista. Privi di un passato strutturato, i Kassena rischiarono di perdere anche il futuro, ma riuscirono a salvarsi attraverso una felice combinazione di fattori e a presentarsi nella contemporaneità persistendo nella loro fiera decentralizzazione.

Sebbene una parte consistente di questo volume sia basata sulla letteratura etnografica esistente, in particolare sulle trascrizioni dei miti kassena effettuate da alcuni antropologi, l'interesse per questo argomento è stato suggerito dall'esperienza del lavoro di campo in Ghana, a Paga, ed è il mito di questo chiefdom ad aver fatto inizialmente da catalizzatore e da parametro per leggere gli altri miti.

In generale, il racconto di fondazione è stato uno strumento fondamentale per l'avvio di un dialogo nella prima fase del lavoro di campo e in molti degli approcci iniziali con vari interlocutori. Successivamente, esso ha costituito il terreno di alcune discussioni particolarmente illuminanti, in particolare, ma non esclusivamente, nel corso di tre delle permanenze sul campo in Ghana di chi scrive, quella del 2004, quella del 2009 e quella del 2013. Mentre raccoglievo riferimenti e variazioni sul tema, in realtà non avevo un piano preciso a proposito di che cosa avrei fatto successivamente con quel materiale. Si trattava innanzitutto di cominciare a costruire un capitale di relazioni sociali e di lasciare che le cose avvenissero, di lasciare che quelle conversazioni si dipanassero "liberamente", tra divagazioni, perdite di tempo, ripetizioni e dimenticanze. Intanto, però, imparavo a riconoscere la relativa assonanza tra il modo di raccontare il mito e il modo di raccontare altro, tra il profilo personale del narratore e il livello di dettaglio del racconto, tra alcuni passaggi narrativi e alcuni elementi di quella vita quotidiana con la quale stavo progressivamente prendendo familiarità. Mentre pensavo al racconto della fondazione, quindi, facevo allo stesso tempo molto altro.

Il lavoro di campo si sviluppa in buona misura attraverso un'apertura all'indeterminato che viene parzialmente moderata e disciplinata solo successivamente, in sede di scrittura. L'apertura all'indeterminato, intesa come rinuncia alla pretesa di controllare in modo troppo stringente le interazioni (vedi Olivier de Sardan, 1995), può produrre un certo disordine nella raccolta di informazioni, disordine cui si può ovviare facendo periodicamente il bilancio della situazione per valutare quali spunti possano essere coniugati tra loro per costituire potenziali temi di approfondimento, e successivamente per stabilire quali siano le informazioni mancanti e pertinenti rispetto al tema di approfondimento selezionato. Ovviamente questo significa allungare i tempi a dismisura, ma ci sono delle ottime ragioni per farlo, e in effetti i padri della disciplina lavoravano giustamente su tempi lunghi, o per lo meno certamente più lunghi rispetto a chi pretende di fare etnografia attraverso brevi sopralluoghi e qualche intervista.

È bene sottolineare il modo in cui si manifesta concretamente il mito di fondazione, in questo contesto. A Paga esso appariva nei momenti più disparati, non necessariamente su mia sollecitazione, attraverso riferimenti a passaggi narrativi specifici, presentati in maniera più o meno dettagliata dall'interlocutore di turno, per la semplice ragione che era considerato un elemento significativo della cultura locale e per certi versi della stessa vita quotidiana. Difficilmente mi veniva raccontato l'intero apparato narrativo dall'inizio alla fine, se non su mia richiesta, quando percepivo la presenza delle condizioni minime per farlo.

A parte questi casi residuali, nelle conversazioni il mito di fondazione non si presentava praticamente mai nella sua interezza, ma sempre attraverso spezzoni narrativi. Era proprio questo che mi affascinava della "tradizione orale". Il racconto si muoveva come una fisarmonica, o meglio ancora mi induceva a muovermi al suo interno come in un ambiente frattale. Si poteva scendere più nel dettaglio o salire a un piano più generale. In corrispondenza, il racconto si faceva più ricco o più rarefatto, ma restava intatta la sua struttura. Il mito di fondazione di Paga era una macchina narrativa che si attualizzava nelle performance dialogiche attraverso le quali si manifestava, e null'altro che questo. Dal mio punto di vista, non esisteva se non nelle molteplici forme effimere riscontrabili in sede di conversazione. Anche per questa ragione ero molto dubbioso sul modo più corretto per fornirne un resoconto scritto. E sebbene in questa sede io proponga una versione relativamente estesa del mito di Paga (par. 2.7), non si vuole suggerire in nessuna maniera l'idea che ci sia da qualche parte un mito "corretto", "autentico", "completo" e "affidabile" e che questo consista nella versione qui offerta. Una conoscenza esaustiva del mito, in realtà, non è pensabile, come ha giustamente affermato Claude Lévi-Strauss (1964, p. 16). Questo volume non smentisce tale assunto.

1

IL VUOTO DEL MITO E LA MEMORIA MULTISITUATA

1.1 La bellezza del vuoto

L'oggetto di questo volume è un vuoto. Si tratta del "vuoto di memoria" di un popolo dell'Africa occidentale, i Kassena, la cui storia è in gran parte ancora da scrivere. Essi dispongono di un mito dell'origine del mondo e di numerosi racconti che descrivono le origini delle singole località kassena (i "racconti eziologici" kassena), ma non di un resoconto unitario dell'origine del gruppo etnico nel cui nome tuttavia si riconoscono. Non solo, dunque, manca una ricostruzione storica compiuta del passato precoloniale dei Kassena, ma non è disponibile nemmeno una finzione narrativa, anche del tutto fantasiosa, che risponda alla domanda "Chi sono i Kassena?". Questa caratteristica è accompagnata dall'assenza di centralizzazione politico-rituale dei Kassena, il cui territorio è diviso in chiefdom autonomi l'uno dall'altro senza alcuna autorità sovraordinata. I miti di fondazione delle singole località corrispondono alle entità politico-rituali effettivamente esistenti, cioè i chiefdom e le loro ulteriori suddivisioni minori. Non esiste invece un mito corrispondente ai Kassena e a tutto il loro territorio, cioè a una formazione politico-rituale unitaria che è a sua volta inesistente.

Un etnonimo solleva una domanda di senso cui si deve rispondere quasi inevitabilmente in termini storici, in quanto il nome di un popolo designa più un percorso che una sostanza. Sembra doveroso, inoltre, rispondere alla "domanda di storia", tenendo conto che la negazione della storia altrui è diventata una delle principali formule di autoaccusa attraverso le quali l'Occidente[1] tenta di esprimere il senso di colpa per il suo passato coloniale, per il suo atteggiamento etnocentrico o per il "furto della storia", come lo ha efficacemente etichettato Jack Goody (2006). Eppure, è profondamente etnocentrico, per certi versi, anche ritenere che questa domanda di storia sia così ovvia, così diffusa, in una parola, universale. Forse l'idea di dover assolutamente risalire all'indietro il corso del tempo allo scopo di conoscere l'origine di un qualunque fenomeno non è inevitabilmente patrimonio di tutti. Al contrario, dovremmo essere capaci di riconoscere il carattere non universale di questa esigenza e di percepirne l'assenza senza provare "scandalo", almeno in linea di principio. Non avere conoscenze dettagliate sulle origini non è necessariamente una mancanza significativa. Non provare il desiderio di "conoscere le origini" non è necessariamente sintomo di un difetto intellettuale. Come accade in ogni caso di differenza culturale evidente, la questione del vuoto di memoria dei Kassena stimola riflessioni su ciò che si tende a dare per scontato.

Generalmente gli antropologi fanno professione di relativismo. Nel contempo, però, il valore attribuito alla storia ha una solida base costruita in Europa. Tenendo conto della lezione di Fabian (1983), oggi c'è da chiedersi se e quanto gli antropologi siano disposti a convivere con un rifiuto della storia o con un disinteresse nei suoi confronti, proprio da parte di un popolo africano, un esempio di quelle popolazioni delle quali si pensa che abbiano il diritto di recuperare la loro piena dignità principalmente, se non necessariamente, attraverso la *loro* riappropriazione della *loro* storia. Diritto o dovere di riappropriarsi della storia? Si pensi al dibattito sugli indigeni africani che ha fatto seguito alla presa di posizione di Adam Kuper (2003). Quest'ultimo ha contestato le rivendicazioni di indigenità perché a suo parere sarebbero fortemente intrise di essenzialismo e negherebbero la storia e le trasformazioni cui gli indigeni stessi sono andati incontro nel tempo. In questo caso, sembra quasi

1. Con questo non si intende certo rappresentare l'Occidente in maniera monolitica, anche sulla scorta della lezione di Amselle (2008), ma ci si riferisce piuttosto a un clima intellettuale.

che più che di un "diritto alla storia" si debba parlare di una sorta di "dovere di storia" o dell'imperativo morale di sottolineare la trasformazione. Se pensare in termini storici significa pensare in termini di mutamenti, la scelta di un particolare assetto storicamente determinato come "prediletto" viene intesa come una mutilazione ai danni di una verità storica molto più complessa, quella secondo cui i cosiddetti indigeni nella loro storia hanno più volte vissuto profonde trasformazioni sulla base di pressioni locali, regionali o globali. Ora, se gli indigeni fanno appello all'autenticità di un assetto o modo di vita a loro particolarmente gradito, esprimendo l'intenzione di mantenerlo o restaurarlo, essi rischiano di essere accusati di avere assunto un atteggiamento reazionario o addirittura protofascista (Lee, 2006, p. 335), come è stato messo in luce nel dibattito successivo all'uscita dell'articolo di Kuper (Kenrick, Lewis, 2004, p. 5). Tuttavia, il fatto che in una prospettiva storica siano riscontrabili delle trasformazioni può in quanto tale delegittimare qualunque aspirazione odierna a uno specifico profilo culturale? Rispondere affermativamente significherebbe anche negare che in fondo ciascuno abbia il diritto di modellare la propria vita, a favore di una pretesa di sapore etnocentrico o accademico secondo cui un susseguirsi di trasformazioni storiche deve caratterizzare ogni angolo del mondo e deve essere sottolineato enfaticamente e ripetutamente. Non sempre e non per chiunque, tuttavia, la teorizzazione sulla vita collettiva ha la priorità assoluta. Talvolta ci si limita, con umiltà o presunzione (in base ai punti di vista), a decidere come vivere, magari scegliendo in un ambito limitato di possibilità.

Messa da parte l'idea che il principale impegno degli esseri umani consista sempre e comunque nel registrare e nel descrivere le trasformazioni storiche, il caso dei miti di origine dei Kassena fa pensare a un relativo disinteresse per almeno una parte del passato collettivo. Questo disinteresse è quasi formalizzato nella cultura kassena, intesa non certo come *corpus* di conoscenze omogeneamente diffuse nelle menti dei membri di una società, ma come astrazione costruita testualmente sulla base di meccanismi istituzionalizzati. È in questo senso che la cultura kassena dichiara istituzionalmente un disinteresse per il passato dei Kassena stessi.

Come relazionarsi, in quanto antropologi, con un vuoto di memoria simile? Difficile avere immediatamente un atteggiamento univoco e privo di esitazioni. Da un lato, sembra di dover riempire quel vuoto, dall'altro sembra di dover rispettare il punto di vista indigeno o, come propone Tim Ingold, di "prendere sul serio" gli altri punti di vista (Ingold, 2000a, p. 90). In questo secondo caso, quel vuoto non va riempito, o meglio non bisogna farsi ossessionare dall'idea di riempirlo. Si tratta semmai di accettare l'idea di un'incompletezza costitutiva che riguarda gli esseri umani, la cultura, la memoria e anche la stessa analisi culturale, come ci ricorda Clifford Geertz (1973) in un celeberrimo passaggio di *Interpretazione di culture*:

> C'è una storia indiana – almeno l'ho appresa come storia indiana – di un inglese che, avendo udito che il mondo poggiava sul dorso di un elefante il quale poggiava a sua volta sul dorso di una tartaruga, chiese (forse era un etnografo: è il loro modo di comportarsi): su che cosa poggiava la tartaruga? Su un'altra tartaruga. E quella tartaruga? "Ah, Sahib, dopo quella sono tutte tartarughe". (Geertz, 1973, p. 40)

Accettare che a sostenere il mondo ci sia una sequenza infinita di tartarughe è un'operazione intellettuale analoga a quella attraverso la quale si riconosce la "piena dignità" del "vuoto di memoria" dei Kassena. È in questo senso, dunque, che l'oggetto di questo volume è un vuoto. Non l'obiettivo, come quando si tenta di colmare una lacuna nella letteratura etnologica, ma il motivo ricorrente di questo studio.

La parcellizzazione eziologica dei Kassena contrasta in modo marcato con la situazione riscontrabile presso società vicine geograficamente (ma distanti sul piano dell'organizzazione politica) come quelle dei Mamprusi, dei Mossi, dei Dagomba e dei Nanumba, centralizzate sia sul piano politico-rituale sia su quello mitologico, in quanto ciascuna di esse ha un antenato che è anche fondatore del rispettivo regno. Inoltre, i popoli dei quattro regni condividono la memoria di un'unica discendenza comune[2] dall'antenato mitico Tohajie, il "cacciatore rosso", discendenza che dunque trascende il livello di integrazione del singolo regno. In particolare, Tohajie sarebbe stato il nonno di Na Gbewa, i cui figli furono rispettivamente all'origine di ciascuno dei quattro regni. Secondo la tradizione Dagomba (Barker, 1986, p. 120), infatti, alla morte di Zirile, il più anziano tra i figli di Na Gbewa, gli altri non riuscirono a trovare un accordo comune circa la successione, per cui si separarono, fondando ciascuno la propria dinastia. Sitobo, il più anziano dei sopravvissuti, fu l'antenato dei Dagomba, Yantaure diede vita ai Mossi, Ngmantambo ai Nanumba, Tohugu o Tusugu ai Mamprusi.[3]

Nel caso appena visto, quello degli stati centralizzati, il racconto di fondazione produce un'integrazione a due livelli. Il primo livello riguarda il gruppo etnico corrispondente al regno, che è unificato nella discendenza comune dall'antenato fondatore. Il secondo livello è quello che vede i quattro regni condividere un'origine comune cui non corrisponde in effetti alcuna entità politico-rituale integrata. Nel caso dei Kassena, al contrario, non si arriva nemmeno al primo livello.

Inoltre, il fatto che i Kassena non abbiano elaborato una "carta mitica" unitaria che spieghi l'origine dell'istituzione della *paare*, cioè la chieftaincy, li distingue dai loro vicini dotati di un sistema di potere dualistico, come i Namnam, i Tallensi, i Nankana e i Builsa, i quali individuano le loro origini comuni nel regno mamprusi (Liberski-Bagnoud, 2002, p. 39). In altre parole, nelle immediate vicinanze del territorio kassena, altre società hanno provveduto a elaborare una concezione unitaria dell'origine pur in assenza di centralizzazione politico-rituale. Niente di tutto questo, a proposito dei Kassena, presso i quali si registra la corrispondenza tra una pluralità di racconti ezio-

2. Ai quattro qui citati si possono aggiungere gli Wala. Sulle conferme della discendenza comune da parte di ciascuno di questi popoli si vedano Barker (1986), Drucker-Brown (1975), Goody (1954), Rattray (1932), Tamakloe (1931), Tauxier (1924).

3. A loro volta, come fa notare Susan Drucker-Brown (1975, p. 12), i Mamprusi rivendicano la loro anzianità o superiorità genealogica rispetto agli altri.

logici e una pluralità di centri di potere, una simmetria tra due molteplicità non sintetizzate in alcuna unità.

La presenza di "vuoti" nella memoria orale non è certo sorprendente in quanto tale. In antropologia, e in particolare in africanistica, esiste innegabilmente una certa familiarità con l'idea che le genealogie contengano o nascondano dei vuoti. La ragione è molto semplice: in linea di principio, senza un accorgimento di qualche genere, le genealogie tenderebbero ad assumere dimensioni sterminate col passare del tempo, cioè con l'aumentare della distanza tra Ego che parla qui e ora, da un lato, e l'antenato fondatore della linea di discendenza, dall'altro. A dispetto della crescita potenzialmente all'infinito della sequenza di discendenti di cui Ego dovrebbe conservare memoria, Evans-Pritchard (1940), nella sua celebre descrizione del sistema lignatico dei Nuer, segnala che la distanza genealogica tra l'antenato fondatore e il presente rimane sempre più o meno costante, semplicemente perché una parte della genealogia viene "cancellata" (1940, p. 199). Si tratta di una forma di "amnesia strutturale", che non è altro che un "sistema di eliminazione", per usare le parole di Jack Goody e Ian Watt (1963, p. 334). Per questa via si mantiene la genealogia entro dimensioni limitate, conservando peraltro ciò che sembra essere più rilevante, vale a dire la parte iniziale e la parte finale. Quest'ultima, peraltro, non potrebbe essere cancellata facilmente in quanto inclusa nella memoria comunicativa, cioè tra i "ricordi che si riferiscono al passato recente", come la definisce Jan Assmann (1992, p. 25). Il vuoto di memoria è quindi una caratteristica strutturale delle genealogie tramandate in assenza di scrittura e inoltre è inevitabilmente mobile, o meglio in espansione, dato che con il passare del tempo deve includere un numero sempre maggiore di generazioni. È proprio a questa mobilità che si riferisce lo storico e antropologo belga Jan Vansina con l'espressione *floating gap* (Vansina, 1985, pp. 23-24) dei resoconti orali sul passato.

Certamente il *floating gap* riguarda anche i Kassena, le loro genealogie e i loro racconti eziologici. Talvolta questo è abbastanza evidente, come per esempio nel caso della genealogia di Paga, in Ghana (vedi parr. 2.2 e 2.7): il passaggio dal primo protagonista del mito, Panlogo, a suo "figlio" Naveh (talvolta indicato con la grafia "Nave"), fondatore di Paga, nasconde infatti un'ellissi temporale in cui si perde memoria di numerose generazioni. Tuttavia, il vuoto di memoria dei Kassena a cui ci si riferisce in generale in questo volume non è quello che si pone tra l'antenato fondatore di un certo chiefdom e le ultime generazioni, che è omologo ai casi all'attenzione di Evans-Pritchard, Goody, Watt e Vansina, ma piuttosto va a collocarsi ancora prima degli antenati di cui i chiefdom e le rispettive sezioni conservano memoria. Questo vuoto di memoria assume dimensioni macroscopiche se si considera che esso riguarda idealmente tutto l'arco di tempo compreso tra la cosmogonia e la fondazione delle località kassena.

In sintesi, questo fenomeno presenta un rilievo ambivalente per il lavoro dell'antropologo. Da un lato, l'assenza del resoconto storico è interessante nel senso più familiare di "vuoto da riempire", che in passato costituiva un'occasione significativa per l'antropologo classico, un professionista nel colmare lacune (se può essere una buona definizione degli antropologi della prima metà del Novecento). Dall'altro lato, l'antropologo si accorge che quel vuoto è privo di interesse per gli indigeni e decide di interessarsi a questo disinteresse, che è in quanto tale un tema rilevante. Da questo punto di vista, l'antropologo si muove verso il "disinteresse" con lo stesso atteggiamento rivolto al suo contrario, l'interesse per un tema, in quanto entrambi possono essere culturalmente significativi. Il disinteresse di un popolo per la sua origine comune, per la sua storia unitaria, è degno del massimo interesse da parte di un antropologo. Non solo il vuoto non va necessariamente colmato, ma esso può essere apprezzato in quanto tale come opera dell'ingegno umano.

1.2 Il passato dei Kassena e la storia degli antropologi

Le origini costituiscono un capitale che nello scenario contemporaneo può essere impiegato per battaglie politiche di discutibile valore morale, soprattutto se le origini stesse sono costruite discorsivamente in termini funzionali a tali battaglie. In questa sede, tuttavia, ci si muove in tutt'altra direzione. Non si vuole proporre una ricostruzione storica che copra il vuoto di cui si è detto. Si procederà piuttosto a illustrare, sulla base del frammentario materiale disponibile, le forme di memoria del passato kassena per stimolare riflessioni sulle origini come tema che assume un certo profilo nella cultura kassena.

Le memorie dei Kassena inducono a rintracciare le origini in molteplici direzioni differenti, facendo del vuoto un'evidente apertura all'indeterminato e al plurale. Non si configura qui un'autenticità indigena unitaria, omogenea ed essenziale che l'antropologo dovrebbe o potrebbe procedere a decostruire, con quel minimo di presunzione dei portatori di una verità da rivelare. L'origine kassena è plurale. Il mondo kassena è antiessenzialista per definizione.

Si procederà effettuando una ricognizione del materiale pertinente riscontrato sul campo, accanto ad alcuni elementi disponibili nella letteratura antropologica e storica. L'intento è quello di offrire spunti metodologici sul modo in cui ci si può occupare di tracce di passato come tema culturale, combinando di tanto in tanto la loro comprensione con resoconti di come esse sono emerse concretamente durante l'esperienza di ricerca, allo scopo di permettere al lettore non solo di apprendere sui Kassena, ma anche e soprattutto dai Kassena, cioè di pensare alle modalità di lavoro sul campo, indipendentemente dall'interesse per il caso specifico.

Il *fieldwork* è in effetti una poderosa fucina di temi di riflessione nei quali l'antropologo si imbatte con una buona dose di serendipità (Rivoal, Salazar, 2013). Sembra dunque opportuno mostrare l'intrecciarsi di disparati spunti di interesse di cui si fa esperienza durante la ricerca, spunti che vanno in innumerevoli direzioni (solo in minima parte coerentemente rispetto al tema principale di una ricerca in un determinato momento), e che in effetti vengono spesso espunti dalle monografie allo scopo di produrre un focus tematico coerente e ordinato.

Sul campo gli antropologi non incontrano culture. Incontrano frammenti significativi, spesso complessi, talvolta enigmatici, di mondi culturali che possono essere immaginati, costruiti e resi verbalmente allo scopo di fornire uno strumento di comprensione, senza per questo essere confusi con oggetti reali (come avviene nell'oggettivismo ingenuo) né, al contrario, essere destituiti di fondamento (come si rischia di fare nel decostruzionismo radicale). Tra questi frammenti ci sono anche quelli che, oltre a esprimere una visione del mondo, comunicano informazioni sul passato, posizionandosi da qualche parte lungo il *continuum* che va dalla storia "realmente reale", mai del tutto conoscibile, all'astrazione del mito puro, del tutto svincolato dalla realtà storica.

Da molto tempo ormai l'antropologia lavora in prospettiva storica, opzione che nel Novecento fu oggetto di dibattiti talvolta aspri (Viazzo, 2000). Le difficoltà in questo campo sorsero dal discredito della storia congetturale proposta dagli antropologi evoluzionisti dell'Ottocento, cui seguì una sorta di ritirata strategica sia negli Stati Uniti, con il metodo storico di Boas, sia in Gran Bretagna, con il funzionalismo strutturale di Radcliffe-Brown. Se il primo restrinse ad ambiti territoriali limitati l'obiettivo delle ricostruzioni storiche degli antropologi, il secondo, almeno secondo i suoi critici, rinunciò del tutto alla storia. Le tensioni tra Radcliffe-Brown e Evans-Pritchard, negli anni Cinquanta, testimoniarono un bisogno di "fare storia", che a parere di quest'ultimo non poteva essere soddisfatto nel quadro del funzionalismo. Con la celebre "Marett Lecture" del 1950, Evans-Pritchard (1950) sostenne l'impossibilità di giungere alla comprensione di una società senza la conoscenza della sua storia e prese le distanze dagli obiettivi nomotetici di Radcliffe-Brown. Se la prima presa di posizione, letta oggi, può per certi versi risultare ovvia ma non per questo è meno credibile, la seconda è certamente molto vicina alla sensibilità di molti antropologi contemporanei. Oggi esiste infatti un ampio consenso sull'idea che l'antropologia non sia una scienza alla ricerca di leggi universali, sebbene sia opportuno precisare anche che l'immaginario relativo alle scienze come necessariamente deterministe e riduzioniste non rende giustizia all'effettivo sviluppo contemporaneo del sapere scientifico.

Evans-Pritchard stava cercando di affrancarsi dall'antropologia della generazione precedente e di presentarsi come protagonista di una nuova fase. In generale, una maniera agevole per affermare il proprio profilo distintivo consiste probabilmente nel sottolineare il più possibile le differenze rispetto a una controparte, talvolta a costo di rappresentare l'*altro* (chiunque sia l'*altro*) in maniera forzata. Evans-Pritchard insistette molto sul rigetto della storia da parte del funzionalismo, anche se Radcliffe-Brown, per la verità, aveva ammesso la possibilità di uno studio storico delle società studiate dagli antropologi. Radcliffe-Brown aveva riservato a questo percorso di ricerca il nome di "etnologia" per differenziarlo dall'antropologia sociale, alla quale comunque affidava un ruolo prioritario. A Evans-Pritchard, evidentemente, questo non dovette sembrare sufficiente. Era necessaria una frattura.

Il vero problema tra i due, però, aveva probabilmente a che fare con un aspetto più specifico, vale a dire il credito da attribuire alle fonti orali ai fini della ricostruzione della storia di una società. Il funzionalismo considerava le fonti orali come *funzionali* (appunto) all'assetto attuale di una società, alla sua configurazione di potere, al suo status quo, e dunque poco affidabili perché viziate dal contagio del presente. Questo presupposto, non certo privo di fondamento, dovette essere tradotto in termini troppo rigidi, come una negazione della storia *tout court*, dal punto di vista di Evans-Pritchard, secondo il quale si configurava un inaccettabile rifiuto pregiudiziale di prendere sul serio le memorie orali. Successivamente fu Jan Vansina (1960) a farsi sostenitore della possibilità di utilizzare le fonti orali per un tentativo di delineare la storia dell'Africa (o meglio, le storie dell'Africa), naturalmente previo adeguato vaglio critico delle stesse. In questo campo, in modo abbastanza evidente, si attestano poche certezze e molti dubbi.

È proprio facendo tesoro di questi dubbi che ci accostiamo, nelle pagine che seguono, ad alcune tracce del passato di un popolo sul quale non abbondano le fonti scritte. I Kassena si riconoscono nel comune etnonimo e parlano la stessa lingua, il kasem. Dal punto di vista dell'organizzazione politico-rituale, il territorio kassena (da qui in poi Kassoŋo) è suddiviso in chiefdom autonomi l'uno dall'altro e non federati sotto un'unica autorità centrale. È al livello del chiefdom che si attesta la più profonda memoria delle origini. Ogni chiefdom dispone di un racconto di fondazione che spiega, mischiando elementi fantastici ad altri del tutto ordinari, il modo in cui ha avuto origine la comunità locale, mentre le sezioni genealogico-territoriali che compongono il chiefdom (i *nawuura*) possiedono a loro volta racconti più specifici sulle rispettive origini. Il "vuoto di memoria" riguarda invece il livello temporalmente antecedente e spazialmente superiore al chiefdom, quello dei Kassena intesi complessivamente e unitariamente, cioè il livello al quale è venuta a mancare una spinta all'elaborazione di un mito a causa dell'organizzazione decentralizzata.

L'eventualità che sia impossibile ricostruire adeguatamente la storia pregressa dei Kassena è molto concreta, ma questo non deve indurre a rifiutare di leggere le eventuali tracce di passato, anche frammentarie, che le fonti orali contengono. Soprattutto, il vuoto non va inteso come assenza di senso. Se il mito è luogo di espressione della creatività di una cultura, l'assenza del mito unitario sembra dare luogo a una sospensione della creatività, sospensione che a sua volta, su un piano più alto di astrazione, può essere intesa come una sorta di metacommento della cultura kassena su se stessa. Attraverso il canale istituzionale della memoria delle origini, i Kassena si presentano ostentando l'assenza del mito unitario come tratto inconfondibile.

Questa premessa si traduce in una scelta di metodo. È opportuno esaminare i frammenti disponibili, cogliendone di volta in volta la significatività, tenendo a mente che non solo, come si accennava, gli antropologi sul campo non incontrano la "cultura" come la si ritrova nelle pagine di un libro, ma anche che la stessa storia si presenta attraverso frammenti che possono comparire improvvisamente mentre si parla d'altro, all'insegna dell'incompletezza e in ordine sparso.

1.3 La calabash e l'origine come movimento

Per iniziare a introdurre il tema delle origini in contesto kassena, bisogna innanzitutto sottolineare che esiste un'importante connessione tra il livello cosmologico generale e quello dell'esperienza biografica personale. Questa connessione può essere colta accostando la questione delle origini a quella della morte, cioè della fine, per notare la presenza di rimandi simbolici tra l'origine del mondo, per come è narrata nel mito cosmogonico, da un lato, e il trattamento rituale della morte degli individui e in particolare delle donne, dall'altro. Se in generale è quasi un luogo comune vedere nel rito una sorta di attualizzazione del mito, alla stessa maniera non stupisce di certo la presenza di "riferimenti incrociati" tra origine del mondo e morte individuale, cioè tra inizio mitico e fine rituale.

Lungi dall'essere un frammento etnologico sepolto nel passato, questo legame è riscontrabile anche oggi. A questo proposito, è bene precisare che tra il lavoro di campo e l'oggetto della ricerca c'è un rapporto fluttuante che tuttavia è fondamentale per permettere un'esperienza antropologica approfondita e per arricchire progressivamente la comprensione di qualunque tema. Una porzione significativa dell'esperienza di campo degli antropologi, infatti, può essere sussunta provocatoriamente sotto la categoria del "perdere tempo", un "perdere tempo" inteso come disponibilità alla deviazione rispetto al tema privilegiato di una ricerca, un "perdere tempo" che non è mai davvero tale. Per esempio, nonostante il peso che si attribuisce all'intervista come strumento non solo di raccolta di informazioni ma anche e soprattutto di sintonizzazione con l'*altro*, vicino o lontano che l'*altro* sia, la sede più autentica della comprensione antropologica è il fluire della vita quotidiana, che offre occasioni in maniera imprevedibile e non necessariamente in connessione con i temi su cui l'antropologo ha inizialmente pianificato di lavorare.

Questo "perdere tempo" è in realtà un "prendere tempo", un rinviare il restringimento del focus di ricerca, un aprirsi a esperienze e discussioni relative a questioni che in senso stretto non sono oggetto della ricerca. Per farlo è necessario avere tanto tempo a disposizione (e questo sicuramente può e deve contribuire a stabilire una prima differenza tra l'esperienza etnografica e l'attività giornalistica, che è opportuno non siano confuse tra loro). Alla fine di marzo del 2009, Christie, la donna che mi ospitava quando mi trovavo a Bolgatanga, mi invitò a presenziare a un *lua fulim* ("funerale finale") nel suo villaggio di provenienza, uno dei villaggi del chiefdom di Paga. Non avevo in programma di scrivere un resoconto etnografico dei funerali finali kassena, ma decisi di perdere/prendere tempo. Nei giorni successivi ci trasferimmo dunque tutti insieme, io e la sua famiglia, nella residenza paterna di Christie.

La procedura funebre kassena, in linea con una casistica ampiamente diffusa non solo in Africa, prevede due funerali, due momenti rituali separati, secondo la struttura generale messa in luce da Robert Hertz (1907). Il primo è il funerale immediato: esso assume la denominazione locale di *lua lia*, è individuale, si svolge subito dopo la morte e ha principalmente la funzione di rimuovere il cadavere. Il secondo è il funerale finale: denominato *lua fulim* in lingua kasem, è tendenzialmente (ma non necessariamente) collettivo, sancisce il definitivo passaggio di un gruppo di defunti nel mondo degli antenati e si svolge a una distanza di tempo molto variabile, che può essere anche di qualche mese ma generalmente è ben maggiore.[4]

In termini antropologici, il funerale finale kassena, *lua fulim*, è il secondo passaggio della doppia sepoltura. Esso porta quindi a compimento la struttura logica della morte come processo graduale che è stata magistralmente messa in evidenza da Hertz. Nel caso dei Kassena si tratta di una funzione relativa a una collettività di defunti, in quanto gestisce simultaneamente la transizione nel mondo degli antenati di tutti coloro i quali siano venuti a mancare successivamente all'ultimo funerale finale celebrato dallo stesso gruppo di discendenza. Anche in ragione della distanza temporale spesso considerevole che lo separa dal

4. "Anche dieci anni dopo", tendono a dire i Kassena, non per indicare un limite effettivamente formalizzato in qualche norma, ma per esprimere l'idea di un tempo molto lungo e imprecisato (e in linea di principio nessuno vieta che il funerale finale possa svolgersi anche più tardi).

lua lia, il funerale immediato individuale (vedi Abasi, 1995), il funerale finale in realtà non ha proprio nulla di funereo. Si tratta piuttosto di una festa gioiosa e molto partecipata, durante la quale l'insediamento celebrante è invaso da una folla di visitatori, si consumano cibi e bevande in quantità notevoli e si danza a lungo anche di notte, virtualmente senza sosta.

Uno dei momenti più intensi del *lua fulim*, che in quell'occasione aspettavo con particolare interesse, si svolge nel corso della seconda notte, quella che precede il terzo e ultimo giorno. Tra i defunti da accompagnare nel mondo degli antenati nel corso di un funerale finale ci sono anche le mogli dei membri del patrilignaggio. Queste, attraverso il matrimonio, sono state incorporate nei lignaggi dei rispettivi mariti, tanto che "sposarsi" in quanto "prendere moglie", cioè dal punto di vista dell'uomo, si esprime con *di kaane* ("mangiare la donna", vale a dire incorporarla), mentre "prendere marito", cioè "sposarsi" dal punto di vista di una donna, si esprime con *zu baaro* ("entrare nell'uomo", vale a dire introdursi nel suo lignaggio). Sebbene il matrimonio abbia prodotto questo passaggio attraverso il pagamento del prezzo della sposa, dal punto di vista rituale le pendenze non sono del tutto chiuse (vedi Mangiameli, 2015). È proprio il funerale finale a sancire definitivamente l'archiviazione di ogni eventuale elemento di tensione tra il lignaggio paterno e quello del marito, per esempio debiti di qualunque genere non ancora saldati. Senza l'assenso del lignaggio originario della donna, per la verità, il suo funerale finale non si potrebbe svolgere affatto.

Nel corso della seconda notte è attesa la visita dei rappresentanti del lignaggio della donna defunta (assumiamo un caso singolo per semplicità), allo scopo di eseguire la procedura rituale che chiude per sempre ogni vertenza. Tale procedura notturna consiste nella distruzione di una *calabash*, la cucurbitacea[5] che rappresenta la donna in generale e nel caso specifico una donna in particolare. Il luogo scelto per la distruzione, non

5. Si tratta della zucca lagenaria, che viene utilizzata comunemente in Africa occidentale come calice e scodella. Con la parola *calabash* ci si riferisce sia alla zucca sia al manufatto che ne deriva. In questo caso si intende il secondo.

casualmente, è all'esterno del compound, nella direzione che porta all'insediamento originario della donna. I rappresentanti del patrilignaggio della defunta appaiono nella notte, in cammino, ripetendo idealmente il percorso che la loro congiunta ha affrontato per ricollocarsi nel patrilignaggio del marito. I rappresentanti del lignaggio di origine non si limitano a presenziare e a partecipare al momento rituale. È estremamente significativo il fatto che essi debbano arrivare dalla direzione del loro villaggio, marcando così con il loro cammino il senso dell'origine come movimento, più che come punto. L'origine della donna è "di là": marcando questo riferimento spaziale, il rito produce una sorta di "identità direzionale".

L'origine viene qui declinata simbolicamente su due piani, uno particolare, attraverso l'identità direzionale, e l'altro generale, attraverso un simbolo femminile. La calabash sta alla donna come la faretra, l'arco e le frecce stanno all'uomo (e sono infatti questi oggetti a essere distrutti nel corso del *lua fulim* per sancire la transizione degli uomini).[6] La calabash, che nella vita quotidiana è usata sia come scodella per il cibo sia come calice per le bevande, veicola l'idea di una fonte di vita e di nutrimento. In essa, inoltre, risiede l'origine del mondo secondo il mito cosmogonico kassena. In altre parole, mentre sembra che stia perdendo tempo, l'antropologo va a imbattersi in un grande tema quale l'origine del mondo, la cui simbologia è inscritta nel funerale finale. Sembra proprio che la pratica antropologica consistente nell'indugiare, trascorrendo del tempo insieme a persone qualsiasi nel corso della loro vita quotidiana, non sia un vezzo romantico che comprova una sorta di autocompiacimento, ma uno strumento che non può passare di moda.

1.4 Il principio femminile nella cosmogonia kassena

La cosmogonia kassena propone una versione dell'origine del mondo di notevole interesse, innanzitutto perché in senso stretto non si può parlare di creazione, o per lo meno non di crea-

6. Vedi Caccico, Colombo (1994).

zione da parte di un soggetto: si tratta piuttosto di un processo sempre in corso di autocreazione permanente. All'inizio di tutto non viene posto un creatore, ma una grande calabash cosmica (Liberski-Bagnoud, 2002, p. 102). Secondo il mito, questa enorme cucurbitacea a un certo punto si spacca, ed è proprio la spaccatura a segnare l'avvio della creazione, intesa come autopoiesi attraverso la quale il mondo crea se stesso a partire dalla calabash cosmica (Mangiameli, 2016a). Dalla sua polpa iniziano a emergere sempre più numerose forme di vita differenti, quelle che progressivamente costituiranno la diversità biologica e culturale presente sul nostro pianeta. È una serie di spaccature, che prosegue all'infinito e dunque tuttora, a generare via via l'esistente.

Nella versione kassena dell'origine del mondo sono incastonate idee sulla storia universale, sull'evoluzione e sulla cultura che possono stimolare qualche riflessione. Questa sorta di partenogenesi di cui ci parla il mito è possibile solo con il superamento e la rottura della perfezione sferica, della calabash, cioè quando ci si è messi alle spalle la rotonda completezza della forma chiusa, attraverso una spaccatura creatrice, spaccatura che ricorda l'atto dell'incidere, del tagliare, del solcare che è l'immagine stessa della produzione di cultura in quanto costruzione di differenza. In sintesi, passare dall'intero al frantumato significa scavare nell'omogeneità e nella completezza per creare differenza all'insegna dell'incompletezza.

Quanto appena detto ha delle implicazioni antropologiche significative. Negli ultimi decenni, principalmente a seguito della pubblicazione di Marcus e Fisher (1986) e di Clifford e Marcus (1986), l'antropologia ha affrontato un processo di revisione critica del concetto di cultura che ha messo legittimamente in discussione gli eccessi del determinismo culturale, l'immagine ingenua della cultura come oggetto ben delimitato e l'idea che le culture siano internamente omogenee e/o immobili. Ora, sembra proprio che la cosmogonia kassena parli di cultura, ma ciò che essa dice non ha a che fare con l'idea di cultura appena accennata, quella fortemente criticata da una parte degli antropologi (forse con furore talvolta sproporzionato). La cosmogonia kassena pone piuttosto la questione del *fare* la cultura. Essa ci parla di produzione culturale, di produzione della differenza, di un processo sempre in corso. Nella nozione di cultura che estraiamo dalla cosmogonia kassena non c'è posto per l'illusione dell'omogeneo o dello statico e dunque non è necessario proporne una decontrazione.

In secondo luogo, la cosmogonia kassena non ha molto in comune con l'idea di creazione che pone all'origine di tutto una figura divina e il suo atto creativo. In questo mito, in effetti, manca del tutto la figura del creatore. Questa cosmogonia somiglia molto più alla teoria del Big Bang che a un mito religioso di creazione. In quanto tale, essa è un'interessante opera dell'ingegno che contribuisce ad arricchire la nostra comprensione della creatività umana e della varietà del suo repertorio, se siamo disposti a prendere sul serio il mito e a concedergli maggiore attenzione di quanta ne rivolgiamo generalmente a quella che altrimenti definiremmo come una "storiella esotica".

In questa fase primordiale, quella durante la quale si spacca per la prima volta la calabash cosmica, si registra quindi un'assenza di rilievo. Manca la divinità suprema, il cui nome proprio in kasem è We. Parte egli stesso della creazione, We deve ancora emergere, nel corso di questo processo di differenziazione progressiva che genera le forme attraverso le spaccature. Una volta emerso, We trascorre sulla terra una prima fase della sua esistenza, per poi andarsene dopo un "incidente diplomatico". Una donna, infatti, preleva un pezzo del corpo di We per insaporire il cibo che sta cucinando. Dio reagisce furibondo, con la massima severità, ma la sua reazione ha una polarità opposta rispetto a quella all'opera nell'episodio del peccato originale di Adamo e Eva. In entrambi i casi è una donna a causare la reazione di Dio, ma se Adamo e Eva vengono espulsi dal Paradiso Terrestre, nel caso del mito kassena è Dio ad andarsene, lasciando gli umani al loro posto. Dio è quindi parte della creazione, ma con il passare del tempo sembra acquisire i connotati dell'onnipotente collocato in cielo. Quest'idea della divinità suprema, tuttavia, convive nel presente con un'immagine molto più familiare al lettore occidentale, quella di Dio come creatore, che probabilmente deriva dalla penetrazione del Cristianesimo e dell'Islam. In un certo senso, è come se la divinità suprema emersa dalla creazione permanente diventasse progressivamente ciò che invece, nell'immaginario legato alla tradizione giudaico-cristiana, Dio è sempre e comunque per definizione. La logica della processualità, inscritta nella cosmogonia kassena ad attestare il suo carattere radicalmente antiessenzialista, si contrappone all'idea di eterna perfezione trascendente del Dio creatore.

Inoltre, la caratterizzazione femminile della Terra, che non sarebbe altro che l'evoluzione della grande calabash cosmica, emerge esplicitamente in numerose circostanze rituali. Prima di ogni immolazione, infatti, viene evocata l'accoppiata Cielo-Terra, attraverso la formula *Baŋa We de o kaane Katiga*, cioè "Dio in cielo e sua moglie la Terra", che viene pronunciata prima di procedere all'invocazione degli antenati e di eventuali altre divinità coinvolte nell'immolazione stessa.[7]

L'atto di spaccare la calabash per distruggerla sancendo la fine dell'esistenza terrena di una donna, durante il funerale finale, è speculare alla spaccatura mitica della calabash che viene posta dai Kassena all'origine del mondo, confermando così anche una significativa corrispondenza tra microcosmo e macrocosmo.[8] Per mezzo di spunti che non sono esplicitati in forma verbale ma depositati nelle pratiche rituali e nelle narrazioni mitiche, la cultura kassena ci affida dunque una sua verità: il mondo ha assunto la sua complessità attuale, con la sua ricchezza di forme di vita e di culture, attraverso un processo di autopoiesi che non deve nulla all'intenzione creatrice di un

7. Mantenendo fede al senso della creazione processuale permanente, dovremmo dedurne che Dio sia derivato da sua moglie, la Terra, sulla cui superficie una volta viveva e dalla quale si è poi staccato per spostarsi in cielo. È opportuno precisare tuttavia che queste implicazioni appartengono al campo speculativo dell'osservatore e almeno apparentemente non sono oggetto di una riflessione teologica locale di alcun tipo.

8. Tema al centro della riflessione di Philippe Descola (2005) sull'analogismo come modo di identificazione degli esistenti che può essere riscontrato in Africa occidentale. Vedi anche Mangiameli (2010).

soggetto trascendente e di genere maschile, ma è stato avviato a partire da un principio femminile ed è ancora in corso. La stessa cultura kassena, però, non prosegue nel racconto della parte successiva della storia. Superata un'enorme ellissi temporale (il vuoto di memoria dei Kassena), essa passa direttamente a narrare le vicende di fondazione delle singole località kassena tuttora esistenti, ciascuna delle quali presuppone una storia pregressa sulla quale si tace del tutto.

1.5 Il mito di Kaya: fondazione, migrazione e alterità

Saltando il vuoto di memoria dei Kassena, lasciamo il tempo delle origini del mondo e la sua riattualizzazione in alcune circostanze rituali odierne, per iniziare a esaminare il modo in cui prende forma la memoria delle origini di una singola comunità, quella di Kaya, una località kassena del Burkina Faso, nella versione raccolta e trascritta da Kibora (2003). Il caso è significativo in quanto il racconto eziologico di Kaya non si limita a inserire nella costituzione stessa della comunità un elemento di alterità (fatto abbastanza comune), ma sceglie una testimonianza specifica di alterità che nel contesto locale risulta degna di nota.

> Un fulani di nome Holo o Jolo partì da Loumbila, un villaggio mossi attualmente situato a circa 25 chilometri a nordest di Ouagadougou, assieme a un suo amico mossi, probabilmente alla ricerca di migliori condizioni di vita. Il fulani trovò un luogo propizio e vi si installò. Dopo un po' di tempo, Jolo si accorse di non essere solo in quel luogo, avendo notato tracce di una presenza umana. Contrariamente a quanto pensava, egli non era dunque il primo occupante. Una sorta di troglodita viveva presso le grotte site nelle vicinanze. Jolo tentò invano di avviare un dialogo con il suo vicino. Provava a comunicare a gesti, oltre che con suoni, ma il troglodita non rispondeva mai. Scoraggiato, Jolo rinunciò a ottenere l'amicizia del vicino. Eppure, un giorno, fu il troglodita a tentare un approccio, uscendo dalla sua grotta e invitando Jolo ad andare con lui. Il fulani declinò l'invito rispondendogli in lingua more: *bas tim zind ka ya, ka ya sooma* [cioè "lascia che mi accomodi qui, è meglio".

> Da questa ripetizione, *ka ya*, *ka ya*, nasce il toponimo Kaya]. A partire da quel giorno, il sito si chiamò Kaya. Il villaggio nacque da questo luogo, che oggi è un *taŋwam* chiamato Kayaa. L'amico mossi, che non si era fermato nello stesso luogo, proseguì fino a fondare Tiébélé, mentre i primi occupanti, che erano già là, andarono via per fondare il villaggio di Kollo. Così, oggi, i signori della terra di Tiébélé vengono da Kollo, quelli di Kaya discendono dal troglodita incontrato da Jolo, mentre il *kwara* di Kaya proviene da Tiébélé. (Kibora, 2003, pp. 279-280, traduzione nostra)

Il racconto afferma che al momento della fondazione Kaya non era esattamente disabitata. Il fulani incontra un "troglodita", una sorta di uomo primitivo che non fa uso di linguaggio verbale, rispetto al quale il fulani si configura come colui il quale introduce la cultura in un contesto almeno apparentemente "preculturale". La diade fulani/troglodita fonda la distinzione tra la linea di discendenza del capo, che è un immigrato, e la linea di discendenza del signore della terra, che è un autoctono. In questa maniera il racconto va a connettersi a una diffusa mitologia africana in cui l'origine di una comunità risulta dall'incontro tra un autoctono più o meno "selvaggio" e un portatore di "cultura" proveniente dall'esterno.

Come gli antropologi sono abituati a sottolineare, le culture non vanno intese come organismi chiusi, anche se talvolta sono strumentalizzate in tal senso. Non sorprendentemente, il racconto eziologico di Kaya parla di una migrazione. Trattata talvolta come accidente storico, come emergenza momentanea, fastidiosa e da reprimere, e in quanto tale strumentalizzata da più parti attraverso la propaganda politica, la migrazione, o meglio la mobilità, è in realtà da sempre una caratteristica della vita sociale e per questo compare così diffusamente nei racconti delle origini in tutto il mondo. Questo punto può essere sottolineato più o meno adeguatamente in un dibattito politico, o magari elaborato raffinatamente in una disquisizione accademica, ma nel caso dei Kassena di Kaya e, come vedremo, non solo in questo, viene semplicemente presentato a chiunque ascolti il mito di fondazione.

Se nel mito, molto frequentemente, le culture inscrivono una sorta di carta costituzionale implicita, i Kassena di Kaya, senza caricare questo dato di enfasi retorica, raccontano di essere sorti come comunità da una scelta migratoria, non forniscono dettagli ulteriori sull'appartenenza etnica kassena e tuttavia esplicitano la rilevanza di un'altra categoria etnica, quella dei Fulani. Essi, inoltre, fanno molto di più. Nello stesso luogo discorsivo in cui danno conto dell'emersione della comunità locale, ne stabiliscono il principio motore in un soggetto al quale attribuiscono un'etichetta etnica differente: *Nous, nous de Kaya, nous sommes des Peuls*,[9] cioè "noi di Kaya siamo fulani". Una dichiarazione paradossale che smonta la finzione etnica nello stesso momento in cui la costruisce.

Non solo il "noi" messo in scena nel mito sorge da un membro di un *altro* gruppo etnico, differente per lingua e costumi, ma questo *altro* che viene evocato/invocato per dare conto della nascita di Kaya è tra i più lontani dai Kassena che si possano reperire nell'inventario etnico regionale: in territorio kassena, infatti, i Peul o Fulani sono frequentemente stigmatizzati con connotazioni sgradevoli, soprattutto per via della loro mobilità che li rende in qualche maniera inaffidabili agli occhi delle popolazioni stanziali. Come ricorda Liberski-Bagnoud (2002, p. 130), i Fulani, dal punto di vista dei Kassena, sono i senza casa per eccellenza. D'altra parte, come mi è capitato di esperire direttamente, nell'orizzonte dei discorsi quotidiani i Fulani sono sempre i primi candidati a essere chiamati in causa quando si tratta di individuare un potenziale colpevole per un furto o un qualunque crimine.

Accanto al fulani, peraltro, il mito pone un'altra figura, in rappresentanza dei Mossi, il cui regno costituisce a sua volta una fragorosa testimonianza di alterità nel cuore dell'etnogenesi kassena. Se i Fulani si oppongono ai Kassena sull'asse nomade/stanziale, i Mossi sono uno degli esempi più significativi, dal punto di vista dei Kassena, di un'altra differenza di ordine politico-rituale, quella che si pone tra un regno e una società

9. Termine in uso per "fulani" in contesto francofono.

decentralizzata.[10] Va segnalato, a questo proposito, che un'altra linea di connessione con i Mossi riguarda proprio il nome della località. Il racconto eziologico di Kaya spiega infatti l'origine del toponimo, collegandola a una frase pronunciata dall'eroe fondatore, non in lingua kasem ma in more, la lingua dei Mossi. Come nel caso della distruzione della calabash durante il funerale finale, è qui in gioco una forma di identità direzionale: l'origine di "qui" è "di là".

Il dato è interessante in quanto non si configura come una "verità storico-antropologica" accertata da un osservatore esterno allo scopo di smentire eventuali "essenzialismi nativi". Molto spesso, in effetti, l'antropologo si assume il compito di decostruire le certezze in circolazione, per esempio a proposito di forme di "omogeneità" o "autenticità" etnica ancestrale, mostrando elementi di contaminazione e di reinvenzione che risultano da scambi con l'esterno. Prima di assumere questo atteggiamento, però, è opportuno chiedersi se e in che misura il "locale" si autorappresenti davvero come omogeneo, autentico, essenzialmente puro. Porsi la questione è importante perché non è affatto detto che ogni costruzione "locale" aderisca ingenuamente all'idea di autenticità, e in secondo luogo non è affatto detto che ogni dichiarazione di autenticità debba essere bollata come ingenua.

Nel caso dei Kassena di Kaya, come in molti altri, non c'è proprio nessuna rivendicazione di omogeneità ancestrale da decostruire, almeno per quanto attiene a una parte relativamente istituzionalizzata della cultura stessa, vale a dire il racconto eziologico. È il mito di fondazione a riconoscere ed esplicitare che il "noi" è sorto da qualcosa di differente. In questo caso, peraltro, lo fa all'insegna di una duplicità: una località kassena, Kaya, nasce da un fulani e dichiara la propria associazione originaria con un'altra località kassena, Tiébélé, che, a sua volta, ha origine mossi. Si pone dunque una doppia metamorfosi, da fulani a kassena (da nomade a stanziale) e da mossi

10. Questa distinzione ebbe una drammatica rilevanza nella vicenda delle razzie schiavistiche nel Kassoŋo (vedi cap. 3). Sulla nozione di società decentralizzata vedi Hubbell (2001), Klein (2001).

a kassena (da un regno a un chiefdom, in una sorta di inversione della logica dell'evoluzione delle forme politiche dalla più semplice alla più complessa).

In nessuna maniera quella appena vista può essere intesa come la "ricetta" alla base dell'etnogenesi kassena, come apparirà chiaro vedendo gli altri racconti eziologici kassena (vedi capp. 2 e 5). Tuttavia, nel suo rappresentare solo un caso specifico e irripetibile, il mito di Kaya ci offre un saggio significativo della pluralità che si pone alla base dell'origine kassena. Il racconto eziologico di Kaya collega la fondazione di una località kassena a due movimenti distinti da parte di due protagonisti appartenenti a due ulteriori gruppi etnici differenti dai Kassena. Per questa via, si rende piuttosto disagevole qualunque retorica dell'autenticità. La migrazione e la differenza culturale vengono inserite nella carta costituzionale come fattori creativi, come principi generatori di un mondo sociale che verrà.

Se uno dei due soggetti in viaggio, il fulani, è il protagonista della fondazione di Kaya, la vicenda dell'altro, il mossi che va a fondare Tiébélé, è fondamentale perché permette di dare conto della presenza del *kwara* a Kaya. Il *kwara*, letteralmente "corno", è il feticcio dei capi kassena. La sua presenza certifica non solo l'istituzione della chieftaincy, ma anche l'emersione della cultura kassena così come si autorappresenta all'interno e all'esterno: dove c'è un *kwara* c'è l'organizzazione politico-rituale dei Kassena, cioè ci sono i Kassena. L'individuazione del luogo da cui proviene il *kwara* serve a marcare un rapporto di asimmetria rituale che pone Kaya in una posizione inferiore rispetto a Tiébélé. Più in generale, chi riceve il *kwara* occupa una posizione più bassa dal punto di vista anagrafico (e quindi rituale) rispetto a chi glielo conferisce: il primo è "fratello minore", "figlio" o "discendente" del secondo. Tuttavia, il mito non ci dice nulla sull'origine del *kwara* in quanto tale, né ci dice come siano "nati" i Kassena in generale. Esso si limita a narrarci la nascita di Kaya e a indicare il luogo di provenienza del *kwara* del suo capo, come avviene in forme variabili più o meno in tutti gli altri resoconti kassena sulle origini. I racconti eziologici ci indicano una direzione, ci invitano a guardare all'indietro, nel tempo e nello spazio, prima della loro narrazione, inseguendo una serie di connessioni, ma lasciano in sospeso il "prima". Indipendentemente dalla significatività dei dettagli, che è variabile e dipende anche dal contesto interpretativo in cui questi vengono inseriti, è questo il tratto distintivo della mitologia kassena: ogni racconto eziologico è esplicitamente incompleto.

1.6 Non siamo all'origine

Come gli altri racconti di fondazione delle località kassena, anche quello di Kaya è "aperto all'indietro". Esso lascia infatti intravedere l'esistenza di una storia pregressa, sulla quale non dice nulla, a parte alcune indicazioni su dove dirigere lo sguardo (Loumbila, Tiébélé, i Mossi, i Fulani). Le informazioni di tipo direzionale e la presenza di una molteplicità alla base della fondazione costituiscono il più solido contributo conoscitivo offerto dal mito di Kaya e da altri analoghi.

I racconti eziologici kassena non presentano la nascita del mondo kassena in quanto tale. Non mettono in scena la nascita della cultura, perché la cultura c'è già, né la nascita della cultura kassena, perché anche questa c'è già, così come esistono già altri gruppi etnici come i Fulani e i Mossi. Essi sono dunque miti di fondazione solo relativamente alle località cui si riferiscono. C'è una storia *prima* del mito di fondazione, ma questa storia non ci viene raccontata. La stessa cosmogonia, come ho avuto modo di riscontrare sul campo, gode di una diffusione ben più ristretta rispetto al mito di fondazione locale. In ogni caso, tra l'origine del mondo e la fondazione della singola comunità si pone una discontinuità che può sembrare imbarazzante o inaccettabile a chiunque cerchi la completezza.

Questa frammentazione mitica è speculare alla frammentazione politica. Poiché l'organizzazione sociale kassena non prevede nessuna forma di "federazione tribale" sotto un'unica autorità, la popolazione totale si divide in chiefdom sottoposti all'autorità dei rispettivi capi supremi, ciascuno dei quali ha pari dignità di fronte agli altri. Ogni chiefdom consiste a sua volta nell'insieme delle sezioni genealogico-territoriali (i *nawuura*, al vertice di ciascuno dei quali c'è un anziano o un capo villaggio) che sono sottoposte all'autorità del capo supremo (Mangiameli, 2010, pp. 54-56). Quella dei Kassena è dunque una società decentralizzata (secondo la terminologia proposta da Hubbell, 2001), priva di forme di integrazione politico-rituale che la riguardino nella sua totalità e peraltro insediata in due stati sovrani differenti.

Quanto appena esposto deriva da una prolungata esperienza entro un contesto di vita sociale e assume la formulazione relativamente strutturale e rarefatta propria di una sorta di osservazione distaccata. È lecito chiedersi se e in che misura si possa riscontrare una formulazione analoga, eventualmente in una forma più "soggettivata" e "partecipata", anche nel discorso indigeno. Su questo punto, in effetti, Malinowski (1922) era stato molto drastico, in quel passaggio della sua introduzione sul metodo etnografico in cui nega che l'indigeno sia in grado di formulare in maniera puntuale affermazioni di carattere generale sulla propria società.

> Proprio come un membro qualsiasi di una moderna istituzione, sia essa lo stato, la chiesa o l'esercito, ne è parte e vi si trova dentro ma non ha alcuna immagine dell'azione totale che ne risulta e ancor meno è in grado di fornire un resoconto della sua organizzazione, così sarebbe vano tentar di fare domande astratte di carattere sociologico a un indigeno. (Malinowski, 1922, p. 21)

Questa possibilità, in cui Malinowski credeva poco, deve tuttavia essere ammessa, forse non attesa nel discorso di *chiunque*, dato che le competenze su questi temi non sono e non possono essere diffuse in maniera uniforme, ma quanto meno nel discorso di *qualcuno*, magari non nella forma di un resoconto compiuto ma almeno attraverso un'intuizione incisiva.

Un'occasione per apprezzare uno spunto di brillantezza indigena, durante il mio lavoro di campo nel chiefdom di Paga nel 2013, venne proprio da questo mio interesse per il tema delle origini. Fu infatti un anziano di Paga, della sezione di Kakuŋu, cui appartiene il capo supremo, a illustrare quel vuoto nel mito con un'assertività degna del miglior "informatore" dell'etnografia classica, come era stato Ogoéemmeli per Marcel Griaule (1948). Per ragioni anagrafiche ma anche per prestigio personale, l'anziano Cholonia (defunto nel 2015) era probabilmente la massima autorità riconosciuta a Paga quanto a esperienza diretta nella gestione della sfera politico-rituale e quanto a memoria orale. Uomo estremamente intelligente e di età ignota, mi aveva accolto con gentilezza all'epoca della mia prima permanenza sul campo e poi, durante le permanenze degli anni successivi, mi aveva trattato con sempre maggiore calore. Nel corso di una conversazione che era finita casualmente su questi temi, Cholonia rivendicò, tutte insieme, le lacune che andavo registrando: la scarsa diffusione di notizie sulla cosmogonia (che egli peraltro conosceva bene, a differenza della maggioranza dei Kassena di Paga), l'aura di mistero che circonda l'etnonimo Kassena, l'origine del gruppo etnico, i fatti antecedenti la fondazione di Paga. E lo fece attraverso un'argomentazione che confermava e rilanciava gli aspetti segmentari della memoria nelle loro implicazioni più profonde:

> Noi non possiamo sapere niente sull'origine, perché non siamo all'origine, quindi non ne possiamo parlare. I miei figli [cioè gli abitanti del suo compound] sanno che noi veniamo dal Palazzo [cioè dalla residenza del capo supremo, dunque dal lignaggio dello stesso]. Noi di Kakuŋu [la sezione[11] del capo supremo] sappiamo che veniamo da Nania [la sezione di Paga ritenuta essere quella in cui visse il fondatore]. Sappiamo che Naveh [il fondatore di Paga], prima di venire qui, era di Kampala. Quella è l'origine della gente di Paga. Se vuoi sapere l'origine di Kampala, devi andare a Kampala. Quelli di Kampala sanno che vengono da un altro posto, in Burkina, e possono sapere quel posto e te lo diranno, e quelli che abitano in quel posto sanno da dove sono venuti i loro antenati. L'origine dei Kassena è di là, lontano. [Kakuŋu, Paga, marzo 2013]

11. "Sezione" traduce il termine *nawuuri* (plurale: *nawuura*) con il quale i Kassena intendono un'unità di ordine genealogico, cioè un segmento di discendenza, e nel contempo territoriale, cioè una sorta di villaggio. Un chiefdom si compone appunto di un certo numero di *nawuura*, ciascuno dei quali è guidato da un anziano o *subchief*. Vedi par. 3.4 per una descrizione più approfondita.

Le prime parole di Cholonia sono forse le più significative. Questi pronuncia due volte la parola "origine", ma lo fa con due accezioni differenti, una spaziale e l'altra temporale, che messe insieme rendono la complessità del tema. Quando l'anziano dice "noi non siamo all'origine", intende l'origine in senso spaziale, cioè "noi non ci troviamo nel luogo delle origini". Quando dice "noi non possiamo sapere niente dell'origine", invece, egli si riferisce all'epoca dell'origine e ai fatti che la caratterizzano. Tuttavia, ogni luogo possiede una memoria che gli compete, un brano di mito (cioè una sua porzione di tempo) che la comunità locale conserva, riattualizza e talvolta modifica, ed è da questo punto di vista che le due dimensioni dell'origine, quella spaziale e quella temporale, restano sintonizzate.

L'esordio, "Non siamo all'origine, quindi non possiamo parlare dell'origine", e la chiusura, "L'origine dei Kassena è di là, lontano", sono sicuramente esempi di quelle affermazioni estremamente significative che possono fornire le chiavi d'accesso a un intero mondo culturale. Premesso che il racconto dei dettagli di un mito potrebbe non rivestire una particolare importanza (questo dipende dagli interessi del lettore e dagli obiettivi dell'autore), abbiamo visto che in questo caso, comunque, una parte di tale racconto non è disponibile.

La ragione per cui non ci viene raccontato il mito si pone su un altro piano logico rispetto al mito stesso, e sicuramente quel piano ci interessa. La memoria scaturisce dalla posizione che si occupa in una storia fatta di "fissioni", quelle che avvengono quando qualcuno si sgancia dal proprio insediamento per andare a vivere da un'altra parte, fondando una nuova località. Ogni fissione, ogni spaccatura è un momento creativo, come nel mito cosmogonico, e ogni segmento della storia kassena (cioè ogni località) contempla il momento fondativo che lo riguarda direttamente. Possiamo qui cogliere una sorta di codice normativo incastonato nelle modalità di rappresentazione/esecuzione della memoria. Questo codice normativo assegna diritti e doveri in base alla posizione lignatica, cioè in base all'anzianità relativa dei gruppi, e dunque funziona per ascrizione e non per acquisizione. In questo quadro, le prerogative di ciascuno sono fissate all'*origine*, che piaccia o no.

Le parole di Cholonia non furono per me sorprendenti, se non per la sintesi e per il ricorso puntuale e affascinante a quei moduli retorici kassena che ben conoscevo. Esse esprimevano molto più di un semplice "Non lo sappiamo". In quelle parole riecheggiava una formula che avevo sentito accennare varie volte, in tutte le circostanze in cui si parlava di chi avesse le competenze per (e il diritto di) trattare un certo tema. Che la maggior parte della popolazione di Paga non sappia nulla delle origini, al di là di quanto affermato nel racconto di fondazione di Paga, è certamente vero. Inoltre, non è affatto detto che lo stesso Cholonia sapesse molto più di quello che effettivamente mi disse. Egli, tuttavia, tentò certamente di dirmi che Paga non aveva e non ha titolo per parlare di ciò che accadde prima del momento a cui è associata l'origine del brano di storia che le "appartiene". "Non possiamo sapere l'origine perché non siamo all'origine", significa non solo e non tanto "non siamo in grado di sapere", quanto "non abbiamo l'autorità necessaria per mostrare a te di sapere ciò che in senso stretto non abbiamo titolo di conoscere": a parlare deve essere qualcun altro, dalle parti delle origini. Più in là, a nord. La memoria mostra in questo contesto la sua dimensione performativa, che è sottoposta a un filtro gerarchico. Essa può essere portata in scena o trattenuta dietro le quinte in base a un differenziale di autorità e autorialità che permette o inibisce l'esecuzione legittima della performance della memoria da parte di soggetti specifici, in base alla posizione che questi occupano nella "storia segmentaria".

1.7 L'indigeno multisituato

Uno dei momenti più significativi del processo di revisione critica della scrittura etnografica avviato dall'antropologia statunitense a partire dagli anni Ottanta consiste sicuramente nella proposta, formulata da George Marcus (1995), di un'etnografia del/nel sistema-mondo, il cui oggetto "è impossibile da comprendere dal punto di vista etnografico se si limita la focalizzazione a un unico sito d'investigazione intensiva" (Marcus, 1995, p. 156). Tendenzialmente, la cosiddetta etnografia multisituata può essere assunta come affermazione del carattere delocalizzato della cultura, oppure, più radicalmente, come una secca negazione di validità delle etnografie localizzate, soprattutto rispetto all'interesse per il sistema-mondo, se non come uno dei contributi a una tendenza recente che spinge addirittura verso il rifiuto dello stesso concetto di cultura. Si consideri, inoltre, che l'etnografia multisituata è caratteristica di un clima intellettuale in cui la ricerca è fortemente orientata a questioni di bruciante attualità, quasi a marcare una distanza tra i temi di una contemporaneità dinamicamente multisituata, e quelli di un passato polveroso, ingenuamente culturalista e staticamente localista.

In effetti, però, non è dato sapere quanto debbano essere distanti tra di loro i "siti" perché un'etnografia possa fregiarsi del titolo di "multisituata". La questione, nel saggio in cui Marcus lanciò l'idea di etnografia multisituata, non si pone come particolarmente problematica in quanto si parte proprio dall'obiettivo di fare etnografia del sistema-mondo inseguendo le connessioni ovunque esse portino. Se però si procede all'inverso, ponendo la questione di che cosa sia una "località" e a quali condizioni minime si possa parlare di due località differenti, l'apparente autoevidenza del concetto di etnografia multisituata sembra perdere consistenza. Questa precisazione è necessaria per segnalare che non è necessario pensare al sistema-mondo per concepire i fenomeni culturali come mobili e per cogliere nella molteplicità delle connessioni tra luoghi differenti il focus di una strategia etnografica e simultaneamente l'immagine stessa della cultura. Attraverso affermazioni come "noi non siamo all'origine, quindi non possiamo sapere nulla dell'origine", sembra infatti che Cholonia, a modo suo e con il suo stile retorico, abbia formulato autonomamente una sua lettura affine all'etnografia multisituata, ma senza alcuna implicazione negativa per il concetto antropologico di cultura. In effetti non è necessario rinunciare al concetto di cultura per riconoscerne il carattere multisituato, né è necessario screditare la localizzazione dell'esperienza di campo e della produzione di senso per poter accogliere la mobilità dei significati (e della loro produzione) nel tempo e nello spazio.

Se il mito è disseminato lungo i nodi che ne hanno ispirato i momenti significativi (i chiefdom e le loro sezioni minori), la trama del racconto coincide con una specifica mappa culturale del territorio, assolutamente irripetibile e relativamente indifferente alla mappatura geografica e a quella amministrativa odierna. Per ricostruire la memoria kassena, ammesso che se ne senta l'esigenza, non si può attingere a una fonte specifica, ma bisogna ripercorrere le vicende di fissione, migrazione e fondazione seguendo i legami che sono narrati nei miti di fondazione, bisogna peregrinare da uno dei nodi all'altro. In ciascuno di questi si troverà una parte della memoria, quella che compete a quel luogo.

Più o meno si tratta di fare ciò che suggeriva George Marcus con le sue strategie (*follow the people*, *follow the thing*, *follow the metaphor*, *follow the plot*, *story or allegory* ecc.), il cui carattere innovativo risultava forse parzialmente ridimensionato dalla constatazione che il primo esempio proposto da Marcus per illustrare la strategia "segui la gente" in un'etnografia multisituata è *Argonauti del Pacifico occidentale* di Bronisław Malinowski (Marcus, 1995, p. 167), che a prima vista sembrerebbe una colonna portante di quell'antropologia passatista che i postmodernisti intendevano smantellare.

Questa forma di disseminazione segmentaria della memoria, a ben vedere, non è infatti nient'altro che un aspetto significativo della cultura kassena stessa. Cholonia, ideale protagonista di un modo di fare antropologia apparentemente desueto, appartiene allo stesso universo antropologico che l'etnografia multisituata vuole mettere in luce in termini innovativi. Analogamente, il tema delle "origini", che potrebbe sembrare tradizionale e obsoleto, si rivela essere certamente multisituato (a meno che questo non sia escluso da una definizione più precisa di "multisituato").

Si pone qui, però, un problema di fedeltà nel processo di costruzione della conoscenza. La scelta di procedere effettivamente a ripercorrere la memoria multisituata non è certo neutra. Si tratterebbe di colmare un vuoto costruendo qualcosa che i Kassena hanno lasciato in sospeso.

1.8 Risalire verso la sorgente: l'antropologia mitopoietica

La memoria kassena è dunque multisituata. Da un nodo qualsiasi della memoria segmentaria si percepisce l'esistenza di una storia precedente il cui ricordo è conservato altrove. Il processo attraverso il quale si vorrebbe "risalire verso la sorgente" per giungere a conoscere questa memoria, tuttavia, non consiste soltanto in un'attività di "raccolta" ma anche di "costruzione" della conoscenza, in quanto andrebbe a comporre insieme memorie attualmente separate e autonome, producendo un nuovo grande mito. Per questa via, come vedremo, il lavoro dell'antropologo rivelerebbe la sua natura mitopoietica.

Un aspetto di costruzione è intrinseco al lavoro degli antropologi sul campo e caratterizza in generale la scrittura etnografica, indipendentemente dall'oggetto di ricerca. In questo caso, presso ciascuno dei "nodi del mito", cioè dei singoli luoghi in cui la memoria è collocata e conservata o rielaborata, bisogna dare forma alla possibilità di ascoltare il mito negoziando con coloro i quali sono in grado di narrarlo o dicono di essere in grado di farlo, vivere l'immersione nel sociale che permette di ottenere fiducia e dunque di entrare in contatto con le narrazioni orali, per poi proseguire su una strada che si materializza via via che il mito si manifesta. Tutto questo, in realtà, non costituisce una novità. Si tratta di lavorare in osservanza ai dettami del metodo etnografico da Malinowski in poi, indipendentemente dal variare dei registri stilistici e delle mode intellettuali.

Questo processo sarà certamente delicato e problematico, come la sensibilità degli antropologi contemporanei è ampiamente in grado di percepire, soprattutto da quando è diventata prassi comune diffidare dell'idea di etnografia come descrizione oggettiva e sottolineare il carattere non neutro dell'osservazione etnografica. Nel tentativo di raccogliere i segmenti locali di quel mito unitario kassena da (ri)comporre, l'ascoltatore/osservatore interverrà costruttivamente in varie maniere: egli sottolineerà alcuni aspetti e ne trascurerà altri, per le ragioni più varie e non necessariamente con consapevolezza; sarà attento o distratto in misura variabile; prenderà appunti o scommetterà talvolta sulla memoria; riscriverà fedelmente quello che gli sarà narrato o dimenticherà qualcosa; ometterà deliberatamente alcuni dettagli oppure commetterà degli errori; oppure ancora modificherà ad arte la narrazione. Tutto questo condizionerà irrimediabilmente la forma che il mito prenderà, come ogni volta che il mito viene raccontato, ma con l'aggravante della rigidità che la forma scritta conferirà alle variazioni.

Come si vede, la trascrizione e il lavoro etnografico stesso possono certamente produrre qualche distorsione, ed è legittimo preoccuparsene. Tuttavia non è davvero questo il problema principale. C'è il rischio, in effetti, che nel discutere delle conseguenze di questa attività etnografica ci si faccia distrarre da un trambusto di superficie, l'eventuale modifica di qualche elemento di contenuto del mito, perdendo di vista gli elementi più autenticamente rilevanti dal punto di vista antropologico.

A essere problematica non è soltanto la trasposizione in forma scritta di un testo orale, ma anche e soprattutto la composizione di una sequenza di testo che raccolga i miti e li unifichi. Non è infatti previsto che i miti kassena vengano raccontati tutti insieme in sequenza "cronologica". Per quanto ne sappiamo, essi non sono mai stati raccontati tutti insieme in sequenza allo stesso uditorio e probabilmente nessuno è a conoscenza dell'intero *corpus* dei racconti eziologici locali kassena. Inoltre, dire che il mito non è mai stato composto tutto insieme, che nessuno lo ha mai raccontato tutto insieme e che nessuno lo conosce tutto insieme, in effetti, equivale a dichiarare molto semplicemente che quel mito non esiste, o almeno che non esiste ancora. Se un testo è qualcosa che viene tessuto insieme, in questo caso è del tutto certo che sarebbe l'etnografo a partorirlo.

L'antropologo opera perciò da operatore mitopoietico, sulla linea di quanto osservato da Claude Lévi-Strauss, che parlò appunto di "carattere mitopoietico del bricolage" (1964, p. 30), un riferimento quanto mai pertinente nel caso eventuale dell'assemblaggio di racconti mitologici allo scopo di ottenere un unico grande mito dei Kassena. Lo stesso antropologo francese, peraltro, nell'introdurre il primo volume delle *Mythologiques*, aveva attribuito carattere mitopoietico alla sua impresa conoscitiva. In effetti, per usare lc sue parole, "volendo imitare il movimento spontaneo del pensiero mitico" (Lévi-Strauss, 1964, p. 19), era il lavoro di indagine sul mito da parte dell'antropologo a configurarsi come mito: "così questo libro sui miti è, a suo modo, un mito" (1964, p. 20). Da questo punto di vista, anche questo libro non si limita a descrivere, catturare, fotografare la mitologia kassena, ma contribuisce senza ombra di dubbio alla sua ulteriore elaborazione.

A parere di Lévi-Strauss, "non esiste e non esisterà mai popolazione, o gruppo di popolazioni, i cui miti e la cui etnografia (senza la quale lo studio dei miti è sterile) siano oggetto di una conoscenza esaustiva" (1964, p. 16). Dunque, nel nostro caso, per giungere a una comprensione parziale della mitologia kassena, si può accogliere il suggerimento levistraussiano di "imitare il movimento spontaneo del mito", che si dovrebbe tradurre in un tentativo di aderire profondamente alla logica del mito. Se, come si è sostenuto da più parti, "cogliere il punto di vista del nativo" significa imparare a ragionare e comportarsi come il nativo (per quanto tra gli antropologi non ci sia accordo generale su questo), allora la comprensione del mito potrebbe tradursi nella riproduzione della sua logica. Ora, accettando questo principio, è il caso di chiedersi che cosa si debba fare con il "vuoto di memoria" dei Kassena.

L'assenza di una narrazione delle origini non è una lacuna della cultura kassena, ma un suo aspetto da accettare. Intervenendo proprio sul rapporto tra Lévi-Strauss e il mito, Jacques Derrida aveva parlato, con grande efficacia, dell'idea di "rinunciare all'esigenza assoluta di risalire alla sorgente, al centro, al fondamento, al principio" (Derrida, 1967, p. 369). Nel nostro caso, tuttavia, "risalire verso la sorgente" è esattamente quello che sembra necessario fare per poter giungere a colmare il vuoto di memoria. Conseguentemente, siamo indotti a scegliere tra due opzioni. La prima prevede che il vuoto venga colmato, come vorrebbe un ipotetico soggetto assetato di conoscenza. Nella seconda opzione, invece, il vuoto va accettato, rinunciando a risalire alla sorgente, come vorrebbe un ipotetico soggetto interessato alla comprensione.

Per fare questo, bisogna accettare e apprezzare in quanto tale il suggerimento di Cholonia, esempio paradossale di indigeno "locale" e simultaneamente "multisituato", che ci indica la collocazione del mito unitario dei Kassena in un percorso da affrontare attraverso una molteplicità di luoghi e nel contempo non sembra minimamente interessato a intraprendere quel cammino. Restando alla distinzione, appena posta, tra sete di conoscenza e desiderio di comprensione, in questo volume si è scelto il secondo.

L'assenza del mito unitario costituisce una pregevole forma di incompletezza, un concetto a proposito del quale sono preziose le riflessioni di Francesco Remotti (2011, pp. 127-185), e dunque merita di essere "salvata" in quanto tale. L'assenza del mito unitario non è una lacuna, ma uno schiaffo all'ansia di riordinare e di dare un senso coerente a tutto, uno schiaffo che assume maggiore valore nella misura in cui esso sembra essere davvero involontario. Mentre i singoli chiefdom kassena si sono impegnati a coltivare i segmenti di memoria locale che li riguardano, nessun individuo o gruppo ha coordinato la rinuncia al mito unitario, nessuno ha composto un elogio dell'incompletezza. Solo chi vive di completezza e di ricerca di ordine può percepire l'incompletezza, ma in questo caso non c'è niente di premeditato: i Kassena, attraverso il mito, mostrano di ignorare sfacciatamente la ricerca della completezza.

Si può quindi tentare di conciliare le esigenze di ricerca dell'antropologia e una rispettosa tutela della produzione culturale kassena, consigliando al lettore di fermarsi ad apprezzare quel vuoto in quanto tale. L'affermazione di Cholonia secondo cui "noi non siamo all'origine, quindi non possiamo parlare dell'origine" non è soltanto un commento sul mito, è anche e soprattutto un elemento chiave di accesso alla cultura kassena, un commento alla cultura kassena non come oggetto ma nel suo farsi, su un piano logico più elevato e dunque con una potenzialità rappresentativa e simbolica ancora maggiore. Quella frase sintetizza una creazione concettuale indigena che merita anche un apprezzamento di tipo estetico.

2

UNA FUCINA DI TEMI

2.1 La macchina mitopoietica

Mentre nel primo capitolo abbiamo tratto spunto dal racconto delle origini di Kaya, una località del Burkina Faso, adesso ci spostiamo più a sud, nel territorio dell'attuale Ghana, per conoscere la narrazione della nascita del chiefdom di Paga (Mangiameli, 2010). L'intento è quello di orientarsi verso una prospettiva di comparazione regionale per cogliere affinità e divergenze tra miti appartenenti al medesimo universo culturale o quanto meno a contesti analoghi. Inoltre, si intende entrare nella narrazione per cogliere i suggerimenti e le riflessioni che essa ci può proporre. Più che al mito, in effetti, è opportuno pensare alla macchina mitopoietica, a una produzione di miti che non si ferma necessariamente a una forma fissa e che chiama in causa anche la relazione con l'antropologo come occasione per un arricchimento di senso.

Non bisogna sottovalutare i miti. Essi non costituiscono semplicemente forme narrative "vecchie", "polverose" e "passatiste" a disposizione di un'antropologia altrettanto "vecchia", "polverosa" e "passatista". Inoltrarsi al loro interno è un modo per lasciarsi coinvolgere in una serie di sfide interpretative e per sollevare una serie di questioni significative. L'operazione è resa meno agevole e nel contempo più interessante dalla difficoltà di individuare il mito come oggetto ben definito, cioè come testo chiuso, stabilizzato e analizzabile in quanto tale.

Il mito kassena resiste all'aspettativa che ne esista una versione ortodossa rispetto alla quale misurare eventuali differenze con altre versioni. Per questa ragione, i miti qui riportati (vedi capp. 1 e 5), che sono tratti dalla letteratura esistente, cioè sono stati presentati in forma scritta da studiosi che li hanno raccolti sul campo, vengono utilizzati allo scopo di individuare temi di riflessione propri della cultura kassena e stimolare ulteriori riflessioni nel lettore, e non certo allo scopo di canonizzare questi racconti come testi di riferimento per valutazioni sull'autenticità di questo o quel documento culturale. Come si è già affermato, questo lavoro è volto a produrre più un esercizio di comprensione che un'accumulazione di conoscenza (vedi par. 1.8). Il caso del mito di Paga, oggetto di questo capitolo, è però differente dagli altri in quanto è stato raccolto sul campo in prima persona da chi scrive.

Prima di procedere a esporre la narrazione, è opportuno accennare il modo in cui si manifesta la mitologia di Paga. Durante il lavoro di campo, svoltosi a più riprese a partire dal 2003, capitava frequentemente di ascoltare singoli segmenti narrativi del complesso mitologico di Paga. Questo avveniva per le ragioni più disparate, nel corso di interviste come nel corso di conversazioni ordinarie, non certo meno rilevanti delle interazioni formalizzate e sollecitate. In tali circostanze, in effetti, non assistevo davvero all'esecuzione o alla messa in scena di un copione già predisposto, ma piuttosto presenziavo e partecipavo alla produzione di un testo vivo, che si arricchiva di dettagli e connotazioni in base agli stimoli provenienti dalla vita sociale intesa come luogo di ispirazione. Dalla composizione di questi frammenti di narrazione risulta una sorta di "macro-mito", una versione del mito molto più articolata e dettagliata di quelle che ho ottenuto chiedendo a singole persone di raccontarmi tutto il mito in una volta. Di questa composizione vado a narrare solamente alcuni aspetti chiave, quelli più significativi nell'economia di questo volume.

In ogni caso, indipendentemente dalla forma che assume il mito in questa sede, va sottolineato il suo carattere circostanziale, che è proprio anche dei resoconti che produciamo sulla cultura, sempre fatti di connessioni temporanee, di tentativi interpretativi, senza aspirare né all'oggettività né alla permanenza definitiva, ma semmai a una permanenza relativamente durevole ma sempre limitata. Se in generale si è detto che il mito unitario delle origini dei Kassena non esiste, nel senso che "non esiste ancora", lo stesso vale in un senso in parte analogo ma non del tutto coincidente per il racconto eziologico di Paga. Non esiste un mito delle origini di Paga ortodosso, completo, autentico. Esiste una mitologia delle origini di Paga che si presenta in varie forme, orali e scritte. Essa non è riscontrabile in una forma unica e definitiva, anche se è vero che i recenti tentativi di resoconto in forma scritta contribuiscono in parte a conferire fissità al mito di Paga. Oltre che dai vari resoconti orali che ho raccolto nel corso di numerosi colloqui sul campo, il macro-mito risulta anche da tre narrazioni parziali diffuse in forma scritta e riferite a segmenti specifici del mito. La prima è quella stampata nel 2001 a cura del capo supremo di Paga e dei suoi anziani, in un opuscolo dal titolo *The crocodiles of Paga*, in cui si tende a dare spazio soprattutto alla parte del racconto riguardante i coccodrilli sacri. La seconda, molto simile alla prima, è esposta all'ingresso di uno degli specchi d'acqua di Paga aperti ai turisti presso i quali è possibile incontrare i coccodrilli mansueti (vedi Mangiameli, 2010, pp. 125-154). La terza è una trascrizione curata da Teviu e Callow (1976) in cui si parla dell'arrivo di Naveh a Paga e del suo incontro con i primi occupanti.

Una delle "specializzazioni" della macchina mitopoietica di Paga, probabilmente la principale, è proprio l'idioma del coccodrillo, le cui origini mitiche vengono per così dire "estrapolate" e narrate anche indipendentemente dalle altre sequenze narrative. Dato che la relazione tra i Kassena di Paga e i coccodrilli sacri è stata ampiamente analizzata altrove (vedi Mangiameli, 2010, pp. 101-124), ne accenneremo brevemente solo alcuni aspetti. Innanzitutto, la stretta connessione tra l'umanità (locale) e i coccodrilli (locali): "i coccodrilli sono esseri umani" e "gli esseri umani sono coccodrilli". Con queste due affermazioni, che possono apparire relativamente bizzarre se non vengono lette nel contesto in cui sono prodotte, si intende dire che uomini e coccodrilli condividono un principio spirituale, l'anima, nel senso che ogni individuo umano ha un coccodrillo corrispondente, e che tutto ciò che accade al secondo accade anche al primo, dalla nascita alla morte. Questo aspetto del sistema di credenze è collegato al divieto di consumare carne di coccodrillo e di ucciderne esemplari nonché di maltrattarli, in quanto la morte di un coccodrillo "è" la morte dell'individuo corrispondente, dove "è" significa simultaneamente "rappresenta", "segnala", "anticipa" e "determina".

Dato che nessuno in realtà conosce il proprio coccodrillo di riferimento, tale relazione uno-a-uno produce una conseguenza logica interessante: chiunque, nella comunità, è tenuto a vigilare sul rispetto del tabu, in quanto il sistema di credenze salda il vincolo morale collettivo direttamente all'interesse personale alla sopravvivenza individuale. Parallelamente, i coccodrilli sono gli antenati dei Kassena di Paga (più precisamente, di una parte di questi), una rappresentazione apparentemente in contraddizione con l'idea della relazione uno-a-uno, secondo cui i coccodrilli sono gli umani viventi.

Mentre la relazione uno-a-uno agisce su un piano temporale orizzontale, collegando tra loro esseri viventi coevi appartenenti a due specie differenti, questo aspetto della credenza funziona su un piano temporale verticale e, attraverso i coccodrilli, riconnette gli esseri umani viventi qui e ora ad altri esseri umani non coevi, i loro antenati. Che queste due opzioni siano in qualche modo conciliabili logicamente, che possano essere entrambe valide, fa pensare che, presso i Kassena, contrariamente al principio del terzo escluso, *tertium datur*.

Per sciogliere la contraddizione bisogna evocare il concetto di semenza lignatica, che si riproduce attraverso le generazioni, anche passando per modifiche in un processo di sviluppo progressivo (si tratta del principio che attraversa e unisce le varie fasi della creazione permanente, a partire dalla spaccatura della calabash cosmica, di cui si è parlato nel par. 1.4). Proprio in quanto originati dalla semenza lignatica e simultaneamente ricettacoli di questa, gli individui di oggi traggono origine dalla stessa semenza lignatica dei loro antenati. In questo senso, essi sono *la stessa cosa*, come si usa dire in contesto kassena, alla stessa maniera in cui i due poli della relazione uno-a-uno tra uomini e coccodrilli di oggi, in effetti, sono *la stessa cosa*. Da questo punto di vista, l'accostamento tra le proposizioni "i coccodrilli sono gli esseri umani viventi" e "i coccodrilli sono gli antenati" non produce una contraddizione ma sottolinea due aspetti ontologici differenti della stessa realtà.

2.2 Un mito per turisti

Prima di esaminare l'intera sequenza del racconto delle origini di Paga, ne prenderemo in considerazione una porzione più breve ma molto significativa, quella che è stata messa in forma scritta ed esposta su cartelli allo scopo di accompagnare la presentazione della principale attrazione turistica del chiefdom (che è anche una delle principali attrazioni turistiche del Ghana settentrionale): il laghetto artificiale di Pedambuga, al quale hanno accesso i visitatori interessati a intrattenersi con i celebri coccodrilli mansueti dei Kassena di Paga. Quella che segue è la traduzione dall'inglese della versione della storia stampata ed esposta presso Pedambuga.

> La storia dei coccodrilli di Paga è legata a Naveh, il patriarca e fondatore di Paga. La storia di Naveh risale a più di dodici generazioni fa, a Tampela e Kampala, nell'odierno Burkina Faso, e inizia con il padre di Naveh, Panlogo. Alla morte di suo padre, Panlogo partecipò alla competizione per la successione al ruolo di capo, ma fu sconfitto dal fratello minore. Insoddisfatto della piega che avevano preso gli eventi, Panlogo lasciò la sua patria. Viaggiò con un gruppo di suoi sostenitori verso la terra di Tampela. I sostenitori di suo fratello lo seguirono e la disputa attivò una spirale di violenza. Panlogo e i suoi fuggirono a cavallo dalla scena delle ostilità, ma i nemici diedero loro la caccia. Panlogo e i suoi seguaci arrivarono a un fiume in piena, senza avere alcuna possibilità di attraversarlo. Quando erano ormai disperati, videro un coccodrillo al margine dell'acqua. La gente di Panlogo credeva che nei coccodrilli risiedessero gli spiriti dei loro antenati. Sentendo che quello non era un coccodrillo ordinario, Panlogo si avvicinò all'animale e gli chiese aiuto per attraversare il fiume. Implorando il coccodrillo, Panlogo giurò che in cambio del suo supporto,

da quel momento in poi né lui né i suoi discendenti avrebbero mai ucciso o nociuto a un coccodrillo e non ne avrebbero mangiato la carne.

Naveh nacque da Panlogo e crebbe a Kampala, diventando un potente cacciatore. Egli visse in un'epoca in cui nessun confine tagliava la savana. Naveh cacciava liberamente su una vasta area per portare cibo alla sua famiglia. Una mattina, l'harmattan rinfrescò Naveh mentre usciva dal compound di famiglia per andare a cacciare. Il suo fedele cane trottava con lui mentre si facevano strada nella foresta. Aveva programmato di fare ritorno la notte successiva, quando si sarebbe seduto con i suoi padri, le sue madri, i fratelli e le sorelle a mangiare *tuo zaafe*[1] e selvaggina fresca. Naveh stringeva il suo arco di legno e portava sulle spalle la sua faretra con le frecce avvelenate.

Comunque, gli eventi non andarono secondo i suoi piani. Mentre cacciava un'antilope, Naveh la seguì fin sottoterra, dentro la buca di un oritteropo. L'oritteropo, spaventato da Naveh, fuggì dall'entrata principale e la coprì, intrappolando Naveh di sotto. Accecato dall'oscurità, Naveh non riuscì a vedere l'antilope mentre questa scappava da un'apertura alternativa. In preda alla disperazione, Naveh si sedette sul fondo della buca dell'oritteropo. Intanto, a Kampala, la famiglia di Naveh si disperava. Quando il cane da caccia, due giorni dopo, tornò senza il suo padrone, essi temettero il peggio.

In effetti, il peggio era vicino a realizzarsi. L'uomo giaceva prostrato sul fondo buio e polveroso della buca dell'oritteropo. Le sue labbra erano secche e screpolate, la sua pelle sbiancata e slavata. Egli aveva perso coscienza. Ad assistere a tutto questo c'era un coccodrillo. L'animale era nascosto in una delle fresche camere dell'estesa buca dell'oritteropo. Vedendo la difficoltà dell'uomo, il coccodrillo strisciò verso Naveh e, usando la sua coda, spazzolò il freddo sudiciume che c'era sul suo petto. Naveh si risvegliò. Certo che quella fosse la sua salvezza, Naveh si alzò per seguire il coccodrillo fino a uscire dalla tana dell'oritteropo.

Là fuori, il coccodrillo procedette verso una pozza di acqua fresca e chiara e si accomodò su un argine erboso. Presso la pozza, Naveh si dissetò. Riempì la sua calabash con acqua sufficiente a permettergli di tornare a casa. Una volta a casa, raccontò alla sua famiglia, allietata dal suo ritorno, del suo fortunato incontro con il coccodrillo. Egli riconfermò il voto di suo

1. La pietanza locale più diffusa.

padre, secondo il quale nessuno dei suoi discendenti avrebbe ucciso, maltrattato o mangiato coccodrilli.

Pur iniziando più o meno come il racconto eziologico di Paga (vedi par. 2.7), questa versione del mito non ha la funzione di descrivere la fondazione, ma solo alcuni degli eventi mitici, quelli che legano gli antenati ai coccodrilli, e a questo si attiene, interrompendosi abbastanza bruscamente con la conferma del voto da parte dell'antenato fondatore, attraverso la quale si reitera il preesistente accordo tra uomini e coccodrilli.

Lungi dall'essere imprigionato in una sua dimensione privilegiata e prevedibile, tale da permetterne l'inserimento in una routine di produzione del sapere, e/o in un genere specifico e predeterminato di scrittura accademica, il mito può sollevare un grande numero di questioni e attivare una serie di riflessioni disparate. Da questo punto di vista, il mito si candida a essere terreno di applicazione di uno degli aspetti più importanti del metodo di ricerca sul campo. L'etnografo, si è detto da più parti, si è detto da tempo e si dice tuttora, non arriva o non deve arrivare sul campo con un armamentario teorico rigido che lo possa indurre a sovrastare la realtà sociale che incontrerà. È opportuno, al contrario, adottare un atteggiamento elastico, che permetta al mondo nel quale ci si inoltra (vicino o lontano che sia rispetto a quello dell'etnografo) di avere un ruolo attivo nell'indirizzare l'indagine etnografica.

Il villaggio, il quartiere, la società segreta, la multinazionale (o qualunque altro fenomeno o terreno) non sono elementi inerti da incasellare attraverso una strumentazione teorica *ready-made*, né dovrebbero essere associati automaticamente a una determinata scelta tematica o interpretativa. L'associazione permanente tra un fenomeno culturale qualsiasi e una certa cornice interpretativa o una determinata scelta tematica è a sua volta soggetta a una sorta di naturalizzazione, diventa una sorta di attributo dato per scontato pur non essendolo affatto. Per questa via si rischia di produrre un restringimento dell'orizzonte, un impoverimento dell'immaginazione antropologica e della capacità degli antropologi (e dei lettori) di comprendere, di descrivere, di progettare e di costruire. Qualunque oggetto culturale può avere molto da dire al di là delle intenzioni e della consapevolezza dell'etnografo, se quest'ultimo si pone nella dimensione dell'ascolto e lascia dunque che i temi di interesse emergano.

A suo modo e con il linguaggio dell'epoca, lo stesso Bronisław Malinowski aveva posto una questione simile, quando nella sua introduzione a *Argonauti del Pacifico occidentale* aveva fatto riferimento all'utile capacità dell'antropologo di "cambiare idea", di rinunciare a una parte della sua strumentazione concettuale o a modificarla nel corso del lavoro di campo (Malinowski, 1922, p. 18). Quel richiamo costituisce un'apertura alle eventualità impreviste e alle connessioni non predeterminate, ai fini della costruzione di un percorso interpretativo non pregiudiziale.

Molti anni dopo, si inseriva nel solco di questa nobile tradizione anche il già citato George Marcus, il quale segnalava un'altra dimensione della medesima questione: all'inizio di un lavoro di ricerca, l'antropologo non deve sapere già che forma prenderà il suo sforzo di comprensione, altrimenti non si tratterebbe affatto di uno sforzo, non si fornirebbe un contributo originale, non ci sarebbe alcun elemento innovativo. Rispetto al rischio di un'etnografia dai contenuti meccanicamente programmati in anticipo, Marcus (1998, pp. 187-189) proponeva la nozione di *messy text*, il cui aspetto più significativo è il suo carattere aperto. Nel nostro caso, il mito va quindi ascoltato in questa chiave: non alla ricerca di ciò che ci si aspetta da esso, ma lasciandolo parlare.

Il "mito per turisti" pone la questione delle origini, ma lo fa declinandola rispetto a un tema di interesse più specifico, vale a dire il coccodrillo, che diventa il principio intorno al quale strutturare la narrazione. In realtà, la macchina narrativa solleva tutta una serie di temi, tanto che parlare di questo racconto solo in relazione alle origini sembra riduttivo. Persino in questa versione ridotta e pensata per un pubblico specifico, quindi, il mito si pone come autentica fucina di temi di riflessione. In ottica comparativa, per esempio, va sottolineata la variabilità interna a un contesto culturale: da un lato, alcuni elementi comuni ci inducono a considerare opportunamente il mito di Paga e quello di Kaya come appartenenti al medesimo contesto culturale; dall'altro, la grande significatività delle divergenze ci deve indurre a non sopravvalutare le similarità e ad accogliere una nozione di cultura all'insegna della pluralità interna, contro ogni forma di semplificazione, omogeneizzazione o standardizzazione.

Rispetto al mito di Kaya, in quello di Paga si coglie immediatamente l'assenza di un elemento macroscopico, la dualità dei protagonisti. Il protagonista è uno solo, o per lo meno c'è in scena un solo protagonista alla volta: prima Panlogo, poi Naveh. Tuttavia, come nel caso di Kaya, il mito mette in scena la scoperta del paesaggio, vale a dire il momento in cui il paesaggio si manifesta agli occhi del futuro fondatore, inducendolo in qualche maniera a soffermarsi.

È interessante notare l'assenza di riferimenti all'alterità umana, che viene sostituita dall'alterità non umana. Si pensi in proposito a questo passaggio: "Naveh visse in un'epoca in cui nessun confine tagliava la savana". Qui il racconto sembra rimarcare l'origine precoloniale del chiefdom di Paga. Portando in superficie alcune implicazioni, qui Paga rivendica la propria profondità storica: si tratta di smentire indirettamente l'idea che le cosiddette istituzioni neotradizionali, come la chieftaincy, debbano essere intese come un prodotto del colonialismo, cioè dell'esigenza europea di mettere ordine nei territori colonizzati attraverso l'imposizione di forme organizzative fittizie, improvvisate e prive di fondamento storico-culturale. Inoltre, il riferimento all'assenza del confine *nella savana* sembra maggiormente significativo in quanto accompagnato all'assenza di qualunque elemento etnico o meglio ancora etnicizzante. In tutto il testo, effettivamente, non compare mai la parola "kassena". A differenza di Kaya, il mito di fondazione dei Kassena di Paga, o meglio questa versione del mito di Paga, racconta l'origine senza chiamare in causa nessuna etichetta etnica, cita l'assenza di confini e sceglie di riferire il confine assente a un ambiente piuttosto che a un territorio etnico: è la savana ciò che non era tagliato da nessun confine, e non (eventualmente) il Kassoŋo, cioè il territorio kassena, che non viene menzionato.

In questo contesto non stupisce vedere che mentre Kaya mette in scena i rappresentanti di due gruppi etnici differenti e li pone a confronto con un essere umano preculturale, il troglodita, in rappresentanza della popolazione autoctona, che farà un salto di qualità sul piano socioculturale grazie al contatto con i migranti, Paga nasconde, ignora o cancella le affiliazioni etniche e fa incontrare l'eroe fondatore con alcuni animali, con le loro competenze e i loro prodotti. L'oritteropo, che sostituisce il troglodita come elemento che emerge dal sottosuolo, dà forma a un mondo sotterraneo che ha un ruolo duplice: da un lato, permette alla narrazione di svilupparsi attraverso una sorta di discesa negli inferi per poi tornare in superficie e aprire un nuovo scenario; mentre, dall'altro lato, crea i presupposti per un *topos* della mitologia kassena, vale a dire la scoperta del paesaggio.

2.3 Altri mondi alle origini di un chiefdom: il sottosuolo e i non umani

È abbastanza agevole cogliere nel mito la sua natura di fucina di temi, così come si possono rintracciare facilmente richiami forti alla dimensione locale e particolare della cultura, come vedremo in questo paragrafo. Nella versione "turistica" del mito di Paga compaiono o sono evocati diversi rappresentanti dei non umani: il cane, l'antilope, l'oritteropo, il coccodrillo. Due di questi, il cane e l'antilope, sono rappresentati in maniera abbastanza prevedibile, rispettivamente come assistente dell'uomo e come preda, esattamente come li immaginerebbero numerosi lettori occidentali. Più interessanti sono gli accenni al coccodrillo e all'oritteropo. Quest'ultimo, a giudicare dal segmento narrativo che si svolge nella sua tana, è un vero e proprio architetto, creatore di un mondo parallelo nel sottosuolo. La tana è un ambiente con più stanze, un altro universo costruito dall'oritteropo. Il redattore non sottolinea questo punto, non attribuisce eccezionalità o salienza a questo dato, lasciando filtrare in maniera non marcata l'idea che gli umani non siano gli unici soggetti attivi del regno animale, che non siano gli unici costruttori, che il mondo venga "fatto" quotidianamente attraverso l'azione di soggetti eterogenei, tra i quali gli umani, ma non solo questi. È la presenza di un'architettura predisposta dall'oritteropo a dirci tutto questo con grande convinzione.

L'oritteropo non si limita a coltivare un interesse di ordine specista, costruendo qualcosa che sarà esclusivamente appannaggio suo ed eventualmente dei suoi simili. Nel mondo sotterraneo che ha costruito, infatti, trovano posto anche l'antilope e il coccodrillo. La prima, impaurita dall'arrivo dell'uomo, scappa per tornare in superficie, mentre il secondo sembra essere venuto nel mondo dell'oritteropo appositamente per godersi il fresco di una delle camere. L'oritteropo ha costruito un mondo che trascende i limiti della sua specie, lo ha messo a disposizione dell'alterità, della *sua* alterità, costituita da non umani, e sembra anche che questa operazione sia stata gradita dagli *altri*, almeno fino alla chiassosa apparizione dell'uomo. In altre parole, se l'uomo, attraverso il mito, sta dicendo tra le righe che non è particolarmente interessato a erigere barriere enfatizzando le affiliazioni etniche, alla stessa maniera l'oritteropo costruisce per accogliere senza discriminare.

Questo spunto del mito di Paga merita di essere sottolineato in quanto un immaginario molto diffuso tende ad associare necessariamente il discorso sulle origini con una retorica xenofoba, in quanto funzionale all'ostentazione di una pretesa purezza autoctona a fronte di possibili contaminazioni dall'esterno. Tenendo conto che anche un'antropologia contemporanea interessata alle origini potrebbe rischiare di essere categorizzata politicamente in questo senso deteriore, sembra assolutamente fondamentale rimarcare due punti: innanzitutto, il discorso sulle origini può avere connotazioni opposte a quelle solitamente associate alla purezza e di fatto costituire il fondamento simbolico ed etico di una socialità aperta, trasversale e solidale, come avviene nel caso del racconto eziologico di Paga, che può essere valorizzato in senso antiessenzialista e antispecista; in secondo luogo, il ruolo degli antropologi rispetto al discorso delle origini non è necessariamente quello di decostruire essenzialismi autoritari, rovesciare semplificazioni arroganti o rigettare miopi discriminazioni, in quanto tali storture non sono onnipresenti. Talvolta, come in questo caso, si tratta invece di cogliere qualcosa di condivisibile e di metterlo in luce, sempre a condizione che ci si ponga di fronte al mito come fucina di temi e lasciando dunque che esso parli liberamente e suggerisca connessioni, confronti e riflessioni anche e soprattutto per rifrazione rispetto al sistema di aspettative dell'antropologo e/o del lettore.

L'oritteropo costruisce casa come farà lo stesso Naveh e come faranno i suoi discendenti. Per quanto abitato da non umani, questo mondo *altro* nel quale l'eroe si imbatte nel sottosuolo fornisce un'ulteriore chiave di accesso all'umanità kassena. Entrando nella tana dell'oritteropo, che si rivela presto essere ben più spaziosa e articolata di una semplice tana, Naveh si avventura in una sorta di discesa agli inferi che lo porta molto vicino alla morte. Proprio a quel punto compare il coccodrillo, che lo aiuta a salvarsi e a riemergere o, se si preferisce, a rinascere. Superata questa fase grazie al coccodrillo, Naveh è pronto ad aprire una nuova fase della sua vita e della storia, ed è infatti in questa circostanza che inizia la vicenda di Paga.

La scoperta del mondo altro nel sottosuolo ha una connessione profonda con la vita sociale kassena. Se la ricerca di connessioni tra microcosmo e macrocosmo ci ha portato, nel caso della cosmogonia, a evocare l'esperienza del *lua fulim* (il funerale finale kassena, vedi cap. 1), lo spunto dell'oritteropo ci spinge invece a illustrare qualche aspetto del *lua lia*, il funerale immediato, vale a dire la pratica rituale relativa al corpo del defunto che si svolge più o meno "immediatamente" dopo il decesso stesso. Il sistema rituale kassena propone infatti un evidente parallelismo tra la dimensione dell'abitare nella vita ordinaria e l'abitare dei defunti nell'aldilà.

Una delle caratteristiche che fanno sì che si conservi memoria di alcuni uomini del passato è l'eventualità che questi abbiano avviato un proprio compound costruendolo dal nulla, acquisendo dunque una visibilità particolare rispetto a chiunque sia nato, cresciuto e defunto in un'abitazione preesistente. Parallelamente, la sepoltura è sottoposta a una logica che vede gli spazi del sottosuolo come abitazioni che vengono inaugurate da individui di prestigio. Le sepolture kassena sono infatti "stanze" scavate sotto le abitazioni stesse, con un'entrata che resta ben visibile.

A un individuo che sia dotato di prestigio per una qualunque ragione, compreso eventualmente il merito di aver avviato un compound, viene riconosciuto tuttora il privilegio di essere sepolto per primo in una stanza funebre appositamente scavata, come viene mostrato in un saggio di Augustine Kututera Abasi (1995): l'idea di "fondare una casa" per i defunti è un aspetto fondamentale del funerale immediato. Dalla stessa entrata passeranno in futuro i cadaveri di altre persone meno importanti, ma l'aver inaugurato la tomba/casa rende permanente l'associazione tra quel primo individuo e la sepoltura, che resterà legata al suo nome. In altre parole, quando finisce nella tana dell'oritteropo, Naveh non rischia soltanto di morire, ma anche di trovarsi già in una tomba kassena pronta all'uso, seppur *ante litteram*. Questo rende ancora più pertinente l'interpretazione dell'avventura nel sottosuolo come un viaggio verso la morte con successiva rinascita.

Con la sua ambiziosa tana, l'oritteropo "costruttore di mondi" è responsabile della disavventura di Naveh nel sottosuolo ma ha anche il merito di fare incontrare l'eroe con il coccodrillo, il quale a sua volta mostra di avere competenze che trascendono la rappresentazione dell'animale come organismo mosso dall'istinto. Già nell'episodio di Panlogo, il coccodrillo è presentato a tutti gli effetti come un interlocutore in grado di stipulare/rinnovare un accordo nella forma di giuramento che andrà a regolare i rapporti tra due specie, almeno apparentemente, cioè i coccodrilli e gli umani. Ecco, "almeno apparentemente". In effetti non è così. Nell'episodio del fiume, il redattore afferma che Panlogo si accorge che quello che incontra non è un "coccodrillo ordinario" (par. 2.2). Qui si rimarca una differenza: la relazione uomo-coccodrillo, con i suoi corollari, non è affatto un dato universale, ma una prerogativa specifica di una porzione di umanità (e di *coccodrillità*), che è legata ai percorsi di un gruppo di discendenza. In effetti, per quanto concerne Paga, il valore di questa relazione si ferma al confine con il chiefdom di Navrongo, a pochi chilometri dalla residenza del capo supremo di Paga, dove le preoccupazioni per la salute dei coccodrilli inoffensivi di Pedambuga e delle altre pozze d'acqua lasciano il posto all'interesse commerciale per le pelli e all'appetito per le prelibate carni del coccodrillo. La localizzazione del mito non potrebbe essere più forte.

Sebbene ci si possa aspettare qualche dettaglio su cosa significhi *essere kassena*, il mito di Paga non sembra essere stato pensato per soddisfare questa curiosità. Esso piuttosto ci parla dell'*essere kassena di Paga*, e più precisamente ancora si riferisce all'*essere discendenti del fondatore di Paga*. Lungi dal situarsi sul piano della natura, la condizione derivante dalla relazione con il coccodrillo che è *connaturata* all'umano nasce da un patto, da una convenzione culturale, da un fatto storico che va a incidere ontologicamente sia sull'umano sia sul non umano corrispondente (Mangiameli, 2010). Se è vero che la relazione uomo-coccodrillo non appartiene alla natura, va aggiunto che non appartiene neanche alla cultura, almeno nell'accezione che deriva dalla rigida separazione tra questa e la natura che ha strutturato il sapere occidentale e le relative premesse ontologiche. Il rapporto uomini-coccodrilli non si colloca né nella natura né nella cultura e non è neanche un ponte tra i due domini, ma si configura come meccanismo di un divenire biosociale (*biosocial becoming*) che ignora la distinzione ed è eminentemente relazionale (Ingold, Palsson, 2013).

Sebbene sia spiccatamente locale e nonostante il suo apparente rifiuto di fornire spiegazioni di più ampio respiro, il mito di Paga conduce dunque molto lontano, favorendo una riflessione che in nessuna maniera era inscritta in un eventuale progetto iniziale relativo all'analisi del mito stesso e che trascende la questione delle origini come talvolta è erroneamente intesa, cioè come elaborazione narrativa di sapore tradizionalista. Il mito lascia immaginare altri mondi, ma lo fa all'insegna del locale e del particolare, restando sempre agganciato a un *qui*.

2.4 Pudiche omissioni e contraddizioni creatrici

Nel brano sopra citato del mito di Paga, si parla del cane di Naveh che ritorna senza di lui alla residenza paterna: "Quando il cane da caccia, due giorni dopo, tornò senza il suo padrone, essi temettero il peggio". Il passaggio, che è abbastanza slegato dalla sequenza narrativa, potrebbe sembrare immotivato o sterile. Che importanza ha il ritorno del cane a Kampala? Questo in realtà assume senso se inserito in una versione più approfondita e arricchita del mito (oppure, se si preferisce, in una versione meno rarefatta di quella appena vista). Il cane infatti viene offerto in sacrificio per salvare Naveh, un dettaglio che va letto tenendo in considerazione anche che nel repertorio culinario kassena la carne di cane gode dello status di cibo prelibato.

Che la carne di cane sia particolarmente apprezzata non è strettamente pertinente in una narrazione che ha come principale obiettivo quello di mostrare la centralità del coccodrillo nel "noi" dei Kassena di Paga, dunque non stupisce che non se ne faccia menzione. Può sembrare più significativa, invece, un'altra omissione: la versione appena citata, in effetti, non chiarisce per quale ragione Naveh decida di trasferirsi nel territorio dell'attuale Paga. Certo un mito non è un trattato scientifico né un resoconto storico scritto da un accademico e dunque non deve seguire necessariamente una logica argomentativa puntuale né essere esaustivo, anzi, il suo procedere in maniera ondivaga può rafforzarne il fascino. Tuttavia, se un'altra versione del mito fornisce chiarimenti in proposito, è bene percorrere questa strada.

Si tratta di *The crocodiles of Paga*, l'opuscolo stampato nel 2001 a cura del capo supremo di Paga e dei suoi anziani, in cui si spiega il legame tra l'episodio della tana e la scelta di Naveh di abbandonare Kampala e stabilirsi nel nuovo territorio nel quale fonderà Paga.

> Naveh raggiunge il futuro territorio di Paga nel corso di una spedizione di caccia, accompagnato dal suo cane. Resta intrappolato in una fossa, nei pressi del laghetto di Kalibwa. Mentre il cacciatore, impossibilitato a venirne fuori, rischia di morire di sete, il suo cane torna a Kampala per dare l'allarme. Vedendo il cane arrivare da solo, i parenti di Naveh si preoccupano per la sorte del loro congiunto. Nel tentativo di chiarire la situazione, interrogano un divinatore, il quale dice loro che l'unica maniera per salvare Naveh è ucciderne il cane per un'offerta rituale. Eseguito a Kampala il sacrificio, un coccodrillo di Kalibwa libera Naveh mostrandogli una via d'uscita e guidandolo verso il laghetto: Naveh può finalmente dissetarsi presso Kalibwa, per poi tornare a Kampala, dove scopre, suo malgrado, che il suo cane è stato ucciso dai suoi familiari. Indignato, decide di abbandonare il suo insediamento originario.

La versione del mito di Paga che abbiamo esaminato in precedenza (par. 2.2) è stampata e affissa presso lo specchio d'acqua di Pedambuga. Essa è dunque visibile a chiunque passi da quelle parti, in particolare ai turisti. Più precisamente, essa si trova lì proprio perché sia vista dal maggior numero possibile di visitatori ed è rivolta proprio a questi. L'opuscolo *The crocodiles of Paga*, invece, ha una circolazione molto più ridotta. Stampato in poche copie a uso di documentazione interna, esso mi fu donato dal capo di Paga in persona nel 2003. Il sacrificio del cane, episodio abbastanza sgradevole per il pubblico europeo, è presente nella versione interna del mito, *The crocodiles of Paga*, ma è significativamente assente nella versione di maggiore diffusione. Le omissioni sono cariche di senso quanto le informazioni che effettivamente vengono fornite, se non ancora di più rispetto a queste ultime. Ed è altrettanto evidente che in questa sede non si intende convalidare maggiormente una versione rispetto a un'altra, ma soffermarsi sulle variazioni perché indicative di un processo molteplice, variopinto e contraddittorio di costruzione culturale.

È proprio il sacrificio del cane a determinare la decisione di Naveh di lasciare l'insediamento paterno. L'atteggiamento dell'antenato può apparire incongruente, nella misura in cui egli non accetta una decisione che oggi sarebbe del tutto ortodossa rispetto al cosiddetto *chullu*, vale a dire ciò che i Kassena traducono come "tradizione" o "costumi". Non solo, infatti, quella del cane è carne edibile, ma essa è per di più molto apprezzata localmente, mentre l'importanza del cane come animale sacrificale è parte integrante delle competenze di chiunque sia considerato minimamente esperto di questioni rituali. Va sottolineato inoltre che nel mito è il *voro*, cioè il divinatore, a proporre questa soluzione. Si tratta dunque di un'operazione assolutamente istituzionale, che peraltro non è solo caratteristica di un ipotetico passato remoto o di un cronotopo mitologico, ma anche un aspetto ben noto della vita odierna.

Non sarà sfuggito al lettore un elemento che richiama l'attenzione. Come può l'eroe fondatore essere descritto come colui il quale ha contestato un assetto istituzionale che caratterizza attualmente la formazione sociale a cui ha egli stesso dato vita? Come può tale contestazione essere il motivo scatenante della "rottura creatrice", cioè proprio della scissione a cui si deve la nascita di Paga? Queste domande mettono in luce una tensione che non necessariamente deve essere risolta. Anzi, essa va acquisita in quanto tale, perché utile per smentire un sistema di aspettative che vede un mondo socioculturale come ordinato, omogeneo, internamente coerente. È bene quindi tornare a sottolineare un tema che è già emerso. Gli interrogativi appena posti sono legittimi ed esigono una risposta solo a partire da un immaginario che veda le credenze e le pratiche rituali come ingranaggi di un meccanismo cieco che si impone all'individuo automaticamente. Questo immaginario, tutt'altro che fondato, probabilmente è ancora proprio di porzioni rilevanti del mondo occidentale, portatrici di un'immagine fuorviante di "tradizione": la "tradizione tradizionalista", perseguita all'insegna della nostalgia di un ordine perduto. Qui invece la tradizione mostra di essere fondata su contraddizioni creatrici.

Da queste riflessioni può derivare una ridiscussione della concezione implicita delle norme e del potere. Il ruolo dei divinatori nelle pratiche rituali che accompagnano i processi decisionali più disparati è cruciale e contraddittorio (vedi Mangiameli, 2015). Benché apparentemente espressione di una sfera superiore, quella degli antenati e delle divinità del territorio, che è sovraordinata rispetto all'ordinarietà degli esseri umani viventi, la divinazione non si presenta come lettura neutrale e indiscutibile degli eventi. Ben lungi dal fornire indicazioni certe e vincolanti, i pareri dei divinatori danno dunque luogo a discussioni e reinterpretazioni, innanzitutto perché il parere di un divinatore può essere smentito da quello di un altro, e dunque l'esecuzione delle sue indicazioni non deresponsabilizza mai del tutto i soggetti che a questo si sono rivolti.

L'immagine di una galassia di concetti correlati, quali tradizione, cultura, autorità "tradizionali" o (come si usa dire) "neotradizionali", apparati rituali, merita di essere liberata da certe incrostazioni basate sull'equivoco del passatismo. Non si tratta soltanto di rifiutare l'idea di tradizione come insieme statico di pratiche e di idee trasmesso di generazione in generazione senza modifiche, né di liberare le "culture altre" da quel pesante carico di "premodernità" che l'antropologia occidentale avrebbe loro imposto. A questo va aggiunto anche che la cosiddetta tradizione non è "cieca", non è meccanica, non è semplicemente una gabbia che frustra l'ambizione dell'individuo all'autodeterminazione e alla creatività. La tradizione può mettere in mostra le sue fallacie interne, e contemporaneamente affermare o lasciare intendere che quelle che sembrano fallacie non sono affatto tali: il *chullu* kassena, cioè la "tradizione", non ha consenso omogeneo e non opera in maniera indiscutibile, ma al contrario crea lo spazio per la contestazione e si sviluppa proprio attraverso quello spazio. La tradizione può mostrare il suo farsi, cioè i suoi meccanismi interni di produzione, alla stessa maniera in cui il cinema, talvolta, mette in mostra il suo stesso dispositivo, il suo farsi, con raffinatezza e forse anche con un certo autocompiacimento.

2.5 Una gerarchia di villaggi, una gerarchia di memorie

Il brano del mito di Paga che abbiamo visto racconta le vicende che portano il fondatore da Kampala, nell'attuale Burkina Faso, al territorio di Paga, nell'attuale Ghana. Più precisamente, Naveh arriva nel luogo in cui fonda il primo villaggio di Paga, Nania. Successivamente, suo figlio Kum si sposterà a sua volta dall'insediamento paterno per fondarne uno proprio, che assumerà la denominazione di Kakuŋu e diventerà il secondo villaggio di Paga. In questo passaggio, attraverso i movimenti dei protagonisti del mito, si delinea sul terreno una logica segmentaria di scissione e riproduzione delle unità costitutive. È appunto Kakuŋu a esprimere il capo supremo di Paga, nel senso che alla morte del capo il successore viene sempre scelto tra i suoi figli. Il capo supremo di Paga è dunque un discendente diretto (o presunto tale) di Naveh.

Nel febbraio del 2004 mi trovavo in un *drinking spot* di Paga, in compagnia di due uomini del villaggio di Kakuŋu. I due mi stavano parlando di vari aspetti della figura del capo, quali il suo feticcio (il *kwara*), che compare in numerosi miti di fondazione dei chiefdom kassena, e la competizione tra i figli prevista ai fini della procedura di successione, dopo la morte del capo. Qualche metro più in là, a un altro tavolo, un uomo anziano sedeva solitario bevendo birra. Mi ero accorto che questi ci guardava e che ci stava ascoltando.

Già da tempo mi era stato chiarito per sommi capi lo schema dei *nawuura*. Per *nawuuri* (plurale: *nawuura*) si intende una sezione o villaggio del chiefdom. Ogni sezione, che è un'unità di natura simultaneamente genealogica e territoriale, si compone a sua volta di una serie di insediamenti, in gran parte o interamente collegati tra loro da rapporti lignatici, uno dei quali si pone al vertice come insediamento anziano, il *sokwio*, letteralmente l'insediamento "padre". In totale, il chiefdom di Paga conta due dozzine di *nawuura*, ciascuno dei quali ha il proprio *sokwio*. Kakuŋu, apparentemente il più importante di questi, è secondo per "anzianità" solo al *nawuuri* di Nania.

Gli uomini seduti con me, che chiamerò convenzionalmente Kwame e Kofi, parlavano del capo sottolineando spesso il loro status particolare derivante dall'essere membri del suo stesso *nawuuri*. Ciò che esprimevano con una certa fierezza era l'appartenenza a un villaggio più importante degli altri e la loro identificazione con il capo. Questo poteva essere sintetizzato in una formula frequentemente ripetuta, *we are the chiefs*, che se da un lato era certamente significativa, dall'altro, per la stragrande maggioranza degli abitanti di Kakuŋu, era semplicemente un'asserzione fine a se stessa, buona al più per qualche vanteria. In ogni caso, quel "vantarsi" ebbe in tale occasione un effetto interessante.

Kwame e Kofi sottolinearono il legame tra l'etimologia del nome della sezione e l'antenato Kum e mi segnalarono che alcuni dei luoghi a me familiari nelle immediate vicinanze, nella sezione di Kakuŋu, erano anche lo scenario usuale di alcuni momenti rilevanti della procedura di competizione e successione. La conversazione proseguiva tra ripetizioni di informazioni già note e divagazioni varie, mentre l'anziano continuava a bere birra e a osservarci. A un certo punto, però, questi sembrò perdere la pazienza. Bofonchiò qualcosa in maniera del tutto incomprensibile, non so neanche dire se in inglese o in kasem, tanto che anche Kwame e Kofi si voltarono verso di lui senza capire, poi si alzò e si mosse verso il nostro tavolo. Paratosi di fronte a noi, iniziò a parlare in inglese barcollando, visibilmente ubriaco: "Awuna... We are the chief makers. We make the chief! The chief is not for them, he is for us".

Dopo *awuna*, l'immancabile esordio kassena ("Sto dicendo che"), l'anziano aveva fatto un'affermazione molto chiara e forte: "Noi facciamo il capo. Il capo appartiene a noi, non a loro". Chi era questo "noi"? Glielo chiesi subito: "Voi chi?". Mi rispose in un misto di inglese e kasem: "We, Kayilo, the Kayilnia, the Kayilo tiina". Cioè "noi, Kayilo, la gente di Kayilo", un altro *nawuuri*, un'altra delle sezioni genealogico-territoriali di Paga. Improvvisamente, dietro quei nomi di *nawuura* dei quali avevo sentito parlare fino a quel momento per le ragioni più svariate emergeva un nome nuovo. Questo terzo elemento, a detta dell'anziano, andava a collocarsi ancora più in alto di Kakuŋu e Nania.

I miei compagni al tavolo mi guardarono e annuirono, mostrando deferenza verso l'anziano. Questi stava dicendo qualcosa di molto importante ed era piuttosto alterato. Lo invitai a sedersi. Poco dopo, calmatosi, questi avviò una conversazione serena con me e gli altri. Uno dei miei amici fece le presentazioni: l'uomo si chiamava Peter ed era uno degli anziani del *nawuuri* di Kayilo. Ci scambiammo gli usuali convenevoli in kasem, poi chiesi a Peter di spiegarmi di cosa stesse parlando. Provo qui a presentare in italiano quanto egli mi disse, simulando un discorso libero in prima persona, aderente, nei limiti del possibile, al contenuto e alla forma di quella dichiarazione. Peter, naturalmente, ricominciò da *awuna*.

> *Awuna*... Sto dicendo che noi facciamo il capo. Il capo è nostro figlio. Loro [indicando gli altri due] sono i nostri figli o fratelli minori, perché il loro antenato era fratello minore del nostro. Naveh aveva tre figli. Prima di morire voleva dare il *kwara* al primogenito, Kanlaa. Kanlaa non lo voleva, il *kwara* non gli interessava. Allora Naveh diede il *kwara* a Kayila, il secondogenito. Kayila lo prese e decise di darlo al terzogenito, Kum. Kanlaa poi decise di abbandonare la casa del padre e di costruirne una nuova, sua, lì vicino, mentre gli altri due andarono altrove. Kayila fondò il nostro villaggio [Kayilo], mentre Kum andò ancora più lontano, venne qui, e fondò Kakuŋu. La casa di Kanlaa è Nania, la casa di Kayila è Kayilo, la casa di Kum è Kakuŋu. Noi Kayilnia [la gente di Kayilo] facciamo il *kwara* per il capo, ma quando il capo muore, loro ce lo devono restituire.

Queste affermazioni inducono a richiamare la "frattura della memoria" che abbiamo illustrato in precedenza (vedi cap. 1). In quel caso un anziano dichiarava "noi non siamo all'origine, quindi non possiamo conoscere l'origine" per riaffermare il rapporto tra una certa posizione nella storia segmentaria e il possesso simbolico della relativa memoria. Nel caso che stiamo esaminando adesso, coerentemente, un altro anziano sottolinea la propria competenza rispetto a un brano di memoria che non veniva citato dai due uomini di Kakuŋu. Il silenzio dei due su questo tema era dunque coerente rispetto a un più generale sistema di aspettative condivise, ma nel contempo non era destinato a durare all'infinito. Kakuŋu doveva lasciare a Kayilo il diritto di presentare le proprie prerogative e di qualificarsi nel sistema politico-rituale dei Kassena di Paga agli occhi dell'osservatore esterno, l'antropologo. La gerarchia di villaggi è una gerarchia di memorie. In effetti, fui presto invitato a recarmi di persona presso il *sokwio* di Kayilo a incontrare gli anziani in maniera che questi ultimi potessero mettere in scena quella gerarchia.

La gerarchia di memorie aveva evidentemente condizionato le mie stesse interazioni. Una volta superato questo passaggio, una volta aperto uno squarcio, non c'era più ragione per tacere. Kakuŋu poteva ormai parlarmi di Kayilo, perché io ero già stato introdotto al tema da Kayilo stesso. Si tratta di una questione ampiamente nota agli antropologi che lavorano sul campo. Quando ci si confronta con informazioni ritenute delicate per una qualsiasi ragione, l'interlocutore può sentire il peso della responsabilità connessa alla loro trasmissione a un antropologo, che con tutto l'impegno suo ad ambientarsi e tutta la disponibilità altrui ad accogliere e includere, resta almeno in parte un estraneo. Se però l'antropologo è già a conoscenza di alcuni aspetti della questione o riesce a fingere di esserlo, l'interlocutore si alleggerisce della responsabilità in quanto questa viene condivisa con terzi o perché si può fingere che lo sia effettivamente (ammesso che ci sia una differenza).[2]

Le affermazioni dell'anziano di Kayilo sopra riportate ci introducono a una nuova fase del percorso di ricognizione di elementi etnologici e di spunti di riflessione che stiamo affrontando, in quanto accennano a temi significativi quali i rapporti tra villaggi e le dinamiche di discendenza, cui sono collegate l'origine, la produzione e la circolazione del feticcio del potere, il *kwara*. Dopo aver visto i brani di mito relativi ai coccodrilli, è ora il caso di prendere in considerazione una versione più ampia e dettagliata del racconto di fondazione di Paga.

2.6 Il mito di Paga

Come il racconto eziologico di Kaya, anche il mito di Paga parte da una migrazione. Panlogo è un principe residente in una

2. Per quanto riguarda le questioni di metodo relative ai colloqui condotti sul campo, si rimanda innanzitutto a Corbetta, 2003; Olivier de Sardan, 1995; Pavanello, 2010, parte III.

località non precisata dell'attuale Burkina Faso. Dopo la morte del padre, egli partecipa alla competizione per la successione alla carica di capo. Sconfitto e disilluso, decide di lasciare il villaggio del padre e di stabilirsi a Tampela assieme ai suoi sostenitori. Successivamente, Panlogo è costretto a lasciare anche Tampela a causa dell'aggravarsi dei dissapori con il gruppo che sostiene suo fratello, il vincitore della competizione per la chieftaincy. La fuga ulteriore lo porterà a stabilirsi in un'altra località del Burkina Faso, Kampala.[3]

Nel corso della loro fuga da Tampela, Panlogo e i suoi sostenitori sono costretti a fermarsi di fronte a un fiume in piena. Il fuggitivo è in trappola, ma viene salvato da un coccodrillo, al quale è legato da una relazione totemica (*sic*), che comporta anche un patto di non aggressione. Panlogo rinnova il patto con il coccodrillo, giurando che mai i suoi discendenti uccideranno o maltratteranno i coccodrilli e che non ne consumeranno le carni. A quel punto il coccodrillo entra nel fiume. Al suo passaggio le acque si aprono, lasciando passare il gruppo di Panlogo, per poi richiudersi alle loro spalle prima dell'arrivo degli inseguitori. È così che Panlogo riesce a raggiungere il luogo in cui fonderà una nuova comunità, Kampala.

Successivamente, la popolazione cresce di numero ma Kampala è caratterizzata da una fase di decadenza morale, tanto che alcuni suoi abitanti violano il tabu del coccodrillo. Naveh, figlio di Panlogo,[4] raggiunge il futuro territorio di Paga nel corso

3. Tre fratelli provenienti da Kibelli, mentre Goumgnimbou menziona Kampala (18 chilometri a est di Pô) come luogo d'origine dei fondatori di Paga, esattamente come si sostiene nelle versioni orali del mito da me raccolte, nonché in Paga Pe (2001) e in Teviu e Callow (1976).

4. Albert Awedoba, il cui lavoro è incentrato più su Navrongo che su Paga, riporta una versione secondo la quale il padre di Naveh era un principe mamprusi (Awedoba, 1985, p. 49). Questi avrebbe lasciato Nalerigu per stabilirsi a Nawuri, nell'attuale Burkina Faso, e successivamente a Kampala, da cui si mosse successivamente Naveh prima di stabilirsi a Paga. La versione riportata da Awedoba probabilmente attribuisce a un'unica figura, quella del padre di Naveh, eventi e spostamenti di generazioni differenti di uno stesso segmento lignatico. Parallelamente, in precedenza, anche Meyer Fortes aveva attribuito origini mamprusi ai Tallensi, citando un racconto strutturalmente simile a quello che riguarda il padre di Naveh (vedi Fortes, 1945, p. 22).

di una spedizione di caccia, accompagnato dal suo cane. Resta intrappolato in una fossa, nei pressi del laghetto di Kalibwa. Mentre il cacciatore, impossibilitato a venirne fuori, rischia di morire di sete, il suo cane torna a Kampala per dare l'allarme.[5] Vedendo il cane arrivare da solo, i parenti di Naveh si preoccupano per la sorte del loro congiunto. Nel tentativo di chiarire la situazione, interrogano un divinatore, il quale dice loro che l'unica maniera per salvare Naveh è ucciderne il cane per un'offerta rituale.[6] Eseguito a Kampala il sacrificio, un coccodrillo di Kalibwa libera Naveh mostrandogli una via d'uscita e guidandolo verso il laghetto: Naveh può finalmente dissetarsi[7] presso Kalibwa, per poi tornare a Kampala, dove scopre, suo malgrado, che il suo cane è stato ucciso dai suoi familiari. Indignato, decide di abbandonare il suo insediamento originario.

Dopo un lungo cammino, che prosegue per alcuni giorni, Naveh si imbatte in un'antilope e la uccide. Accortosi di essere probabilmente nelle vicinanze di un luogo abitato, Pindaa, e impossibilitato a trasportare l'antilope da solo, la lascia sul posto e va a cercare qualcuno che lo possa aiutare. Entra nel primo compound che incontra (Pindaa, appunto). Il padrone di casa chiede alla sua moglie preferita, bellissima, di dare dell'acqua

5. In questo caso si è scelto di omettere i dettagli sull'oritteropo, non solo perché sono già stati illustrati ma anche perché l'episodio della fossa viene spesso narrato senza l'approfondimento sull'oritteropo. La narrazione priva di questi dettagli può essere considerata a tutti gli effetti una versione completa e alternativa del mito rispetto a quella che include la digressione sui fatti avvenuti nel sottosuolo.

6. Nell'economia del racconto, la morte del cane è la ragione della scissione tra Naveh e il suo insediamento originario. Sul piano rituale, inoltre, il sacrificio del cane è considerato potente ed estremo rimedio a situazioni particolarmente gravi. Nella versione di Teviu e Callow (1976), invece, l'uccisione del cane è slegata dalla spedizione di caccia nel territorio di Paga: il padre di Naveh fa uccidere il cane per sacrificarlo a un feticcio.

7. In questa versione del mito, il coccodrillo risolve due problemi quasi simultaneamente: libera Naveh dalla fossa e lo aiuta a dissetarsi guidandolo verso il laghetto. Circola anche una variante che distingue i due problemi, collocandoli in due momenti diversi e chiamando in causa, conseguentemente, due distinti interventi del coccodrillo a sostegno dell'antenato dei Kassena di Paga.

da bere a Naveh.[8] La donna risponde negativamente, dicendo che non darà da bere a un essere così spregevole. Un'altra moglie dell'uomo, zoppa e brutta, si alza allora spontaneamente per andare a prendere dell'acqua da offrire a Naveh. Bevuta l'acqua, il cacciatore chiede e ottiene dal padrone di casa l'aiuto di alcuni uomini per trasportare l'antilope che aveva ucciso. Quando il corpo dell'animale arriva nel compound, l'uomo di Pindaa chiede a Naveh di depositarlo nella stanza della moglie bella, ma questi si oppone e decide di metterlo nella stanza della moglie brutta. Naveh si stabilisce per un certo periodo nel compound di Pindaa, contribuendo al sostentamento della gente del posto con il suo bottino quotidiano di caccia.[9]

In seguito, durante la permanenza, Naveh stringe i rapporti con una giovane donna, figlia di Pindaa e della sua seconda moglie. Data la simpatia della madre nei suoi confronti, ottiene facilmente l'accordo per il matrimonio. A questo punto, però, Pindaa chiede a Naveh di lasciare la casa e andare a insediarsi altrove con la moglie, per vivere nel posto che preferisce.[10] Per

8. Le norme di accoglienza prevedono che qualunque visita nel compound sia accolta offrendo acqua da bere al visitatore. Quando l'ospite ha finito di bere si parte con le formule di saluto e si inizia la discussione. L'ospite spiegherà il motivo della propria visita solo dopo aver bevuto: "non si può pretendere che egli parli subito senza aver bevuto". Gli abitanti del compound "non sanno se l'ospite giunga da un lungo viaggio o no e se sia affaticato o meno". A questo proposito si può fare notare un'eccezione significativa: dopo il decesso di un individuo, i soggetti incaricati di dare la notizia visiteranno vicini, amici e parenti rifiutando di bere l'acqua loro offerta. Il rifiuto è la premessa per la notizia che sta per essere data.

9. Secondo una versione alternativa, quando Naveh arriva a Pindaa, il padrone di casa è assente. La prima moglie si rifiuta di dare da bere a Naveh, mentre la seconda accetta. Per ringraziarla, Naveh la conduce con sé presso il luogo dove ha nascosto l'antilope e la cede alla donna. Quando Pindaa torna a casa Naveh se n'è già andato. La donna racconta l'episodio al marito. Pindaa apprezza il dono e, incuriosito, manifesta il desiderio di incontrare il giovane cacciatore. Alla prima occasione in cui Naveh si presenterà nel *soŋo* in assenza di Pindaa, la donna dovrà chiedergli di attendere il ritorno del marito, in maniera che i due si possano conoscere. Quando questo avviene, Pindaa offre a Naveh la possibilità di vivere nel suo *soŋo*.

10. Awedoba (1985) presenta una variante secondo la quale Naveh avrebbe lasciato Pindaa a causa di un conflitto domestico e avrebbe a quel punto fondato Paga, andando a prendere moglie altrove.

quanto la terra non appartenga a Pindaa, Naveh ha l'opportunità di scegliere liberamente un'area nella quale insediarsi, dato che nessun altro vive nei paraggi.

Pindaa comunica a Naveh che in una certa area si aggira un bufalo piuttosto pericoloso, il *gaa nao*. Il cacciatore si reca nella zona, trova il bufalo, lo uccide e poi decide di stabilirsi in quel luogo, pronunciando la frase "A yi paga ywo" ("I miei occhi ammirano questo luogo"), dalla quale deriva il toponimo Paga. Dal bufalo, invece, deriva il nome di Nania (Na-nia: "il posto del bufalo"), il primo *nawuuri* di Paga, l'embrione del chiefdom attuale. Per la precisione, questi eventi vanno collocati presso la collina di Kanlaa, primo insediamento di Paga e nome del primogenito di Naveh.[11] Nasce in queste circostanze il *kwara*: un corno di *gaa nao*.

Durante la primissima fase della storia di Paga, Naveh vive a Nania e detiene il *kwara*, sorto dal suo atto eroico, l'uccisione di *gaa nao*. Tra i figli di Naveh cominciano a emergere delle differenze. In particolare, solo Kayila sembra essere interessato a prendersi cura del *kwara*. Gli altri figli si tengono lontani dal corno, terrorizzati, oppure lo ignorano, disprezzandone l'effettivo potere.

Naveh per un po' di tempo riceve visite da un signore della terra, Biu, il quale pretende da lui offerte per sacrifici annuali, ma non gli rivela il luogo dei sacrifici. Per qualche anno Naveh dipende così sul piano rituale da Biu, fino a quando non scopre il luogo dei sacrifici. A quel punto si libera di Biu e acquisisce il controllo sulla terra di tutta Paga.

Morto Naveh, urge decidere cosa fare del suo *kwara*. Spetterebbe a Kanlaa, in quanto primogenito, prendere il posto del padre e curare il suo *kwara*, ma non vuole occuparsene. Decide piuttosto di cederlo a Kayila, il secondogenito, a patto che questi vada a vivere altrove. Kayila, preso il *kwara*, va a fondare il suo nuovo personale insediamento: nasce la futura sezione di Kayilo. Il primogenito, invece, resta a Nania,

11. Nel cap. 4 si approfondisce appunto la questione degli "uomini che diventano luoghi".

nei pressi dell'insediamento originario, ma fondando un proprio *soŋo*.

Kayila affida formalmente il potere a Kum, il terzogenito, che si insedia lontano dal *sokwio*, fondando anche lui un proprio *soŋo*: nasce così Kakuŋu, quello che oggi è il *nawuuri* del capo supremo. Di altri eventuali fratelli, non inscritti in questa genealogia dello spazio, non si sa nulla: i Kassena leggono la loro storia nei *sam* e nei *nawuura* del loro territorio.

Kakuŋu diventa la sede permanente del cosiddetto "Palazzo", la residenza del capo, cioè la sede del potere nella sua manifestazione visibile, individuabile, senza con questo però assumere il controllo effettivo degli eventi e delle persone sul territorio, o quanto meno non del tutto. Alle spalle di Kum, dietro le quinte, la sua fonte di legittimazione rimangono il fratello Kayila e la sua discendenza. Da questo momento in poi, il *nawuuri* di Kayilo possiede la fonte di un potere che non esercita direttamente: Kayila, in occasione del passaggio di poteri dal defunto Naveh a Kum, fabbrica una "copia" del *kwara* per quest'ultimo. Si tratta di un esemplare meno potente di quello originale detenuto da Kayilo. Successivamente, la gente di Nania si accorge di avere sprecato un'occasione importante e cerca di riprendere possesso del *kwara*, ma è troppo tardi. Kayilo non è intenzionato a cedere le proprie prerogative.

2.7 Il corno dei capi: spunti di comparazione

Da questa versione più estesa del mito di Paga possiamo trarre una serie di elementi significativi che potrebbero rivelarsi utili ai fini di un'eventuale comparazione con gli altri racconti eziologici kassena. L'eroe fondatore viene da nord ed è un cacciatore. A Paga non trova il vuoto né individui preculturali, ma un'umanità già socializzata, una piccola comunità che possiede consuetudini di accoglienza e regole matrimoniali. Attraverso il bottino di caccia il fondatore ottiene l'appoggio di una delle mogli dell'autoctono, che gli darà una figlia in sposa.

Come risulta abbastanza chiaramente dai due miti esaminati finora, la circolazione del *kwara*, il corno-feticcio dei capi kassena che è al centro dell'importante lavoro di Kunz Dittmer (1961), riveste un'importanza primaria per la costituzione politico-rituale dei chiefdom kassena. È bene richiamare il mito di fondazione di Kaya (par. 1.5), nel quale si afferma che esso arriva da Tiébélé, luogo fondato da un mossi. Nel caso di Kaya, si stabilisce un legame di dipendenza rituale tra Tiébélé, che invia il *kwara* e dunque si configura come fonte di legittimazione, e Kaya, che riceve il feticcio e la relativa legittimazione. Il mito di Paga ci dice altro. Qui il *kwara* non viene ottenuto per concessione da un soggetto esterno, rispetto al quale si conserverà poi un rapporto di dipendenza, ma viene costruito *in loco*, dopo l'uccisione di *gaa nao* per mano del fondatore Naveh. Per questa via, Paga si dichiara autonoma sul piano politico-rituale, o meglio fonda nel mito, inteso come carta costituzionale, la sua autonomia. La dipendenza rituale, però, si produce all'interno di Paga, nella relazione tra i protagonisti del racconto di fondazione, i fratelli ai quali corrisponderanno linee di discendenza distinte e le relative sezioni territoriali, cioè i rispettivi *nawuura*.

La comparazione lascia trasparire una certa variabilità interna al mondo kassena: il meccanismo della fondazione e dell'emersione del *kwara* nel caso di Kaya sembra profondamente differente da quello di Paga. Tuttavia, la relazione che Kaya intrattiene con Tiébélé non è dissimile da quella che lega tra loro due sezioni del chiefdom di Paga. Si tratta di un'omologia strutturale che diventa ancora più significativa se si pensa in termini dinamici, guardando non tanto alle località o ai chiefdom come oggetti definiti e a sé stanti, ma come processi di crescita, scissione, riproduzione sempre in corso. In questo senso, l'omologia tra le due coppie Tiébélé-Kaya e Kayilo-Kakuŋu potrebbe risultare più significativa, in quanto testimonianza di un processo generativo, rispetto alla differenza tra Kaya e Paga.

A questo proposito, il caso di Paga, nella versione più dettagliata di cui disponiamo, fornisce un numero maggiore di spunti rispetto al mito di Kaya. In particolare, le parole dell'anziano di Kayilo aprono il sipario sui rapporti interni, che riguardano linee di discendenza e villaggi differenti seppur associati nello stesso chiefdom.

Per quanto riguarda i rapporti interni, il racconto eziologico di Paga è più ricco di dettagli. Il fondatore, eroe e capostipite, Naveh, possiede un feticcio (il *kwara*, appunto) in cui si incarna il suo potere. Alla morte del fondatore, il feticcio viene ereditato dal suo primogenito, Kanlaa, il quale, non essendo affatto interessato, lo cede al secondogenito, Kayila, il quale a sua volta cede il *kwara* al terzogenito, Kum. È il terzogenito, dunque, ad assumere il ruolo di capo. La cessione del *kwara*, il feticcio della chieftaincy, sembra essere nient'altro che una cessione di potere a terzi. Detto questo, è lecito chiedersi per quale ragione qualcuno dovrebbe cedere il potere di cui dispone, oppure come si debba interpretare tale cessione. La rinuncia/cessione da parte del potenziale detentore del potere (prima Kanlaa, poi Kayila) solleva interrogativi sulla desiderabilità del potere, come se per qualche motivo fosse preferibile rinunciarvi. È inoltre opportuno chiedersi se si tratti davvero di una cessione di potere. Si situa proprio qui il classico dilemma antropologico che non conduce generalmente a una risposta semplice e univoca, ma punta semmai a una riformulazione che permetta di apprezzare la complessità e l'ambivalenza dei significati stratificati.

Va citata a questo proposito la posizione di Cardinall (1920), il quale riporta una sua versione delle origini del chiefdom di Navrongo, peraltro profondamente differente da quella che è stata trascritta da Awedoba (1985) e che riportiamo più avanti (vedi par. 5.8). Secondo Cardinall (1920, p. 21), anche all'origine di Navrongo ci sono tre fratelli, in questo caso di origine nankana. Due di questi, i più forti, si scontravano continuamente. Dato che nessuno dei due riusciva a prevalere sull'altro, i contendenti si misero d'accordo cedendo il potere al terzo fratello, notevolmente più debole dei due, proprio perché in questa maniera il capo non avrebbe mai potuto sottometterli e sfruttarli, ma piuttosto sarebbero stati loro a controllare il capo. Da questo punto di vista, il ruolo di capo sarebbe stato tutt'altro che appetibile, anzi, tipicamente una sorta di carica fittizia assegnata a un soggetto facilmente controllabile da terzi, dai suoi grandi elettori, dai suoi "burattinai". In effetti, a parere di Cardinall, il mito avrebbe fotografato una modalità che successivamente si sarebbe imposta stabilmente, quella di scegliere come capo il candidato meno influente.

Su questa base, la relazione tra i tre figli abbozzata nel mito di Paga potrebbe esprimere l'esigenza degli autentici detentori del potere di celarsi dietro un capo-fantoccio. Conseguentemente, non saremmo di fronte alla cessione del potere, ma a una procedura che ne permette il dispiegarsi sotto il controllo dei suoi autentici detentori, rappresentati nel mito di fondazione dai primi due figli. In questo contesto, secondo la concezione locale che potremmo desumere da questa riflessione, esercitare il potere significa innanzitutto "metterlo (apparentemente) in movimento", "farlo (apparentemente) circolare verso il basso", creando una figura che solo su un piano fittizio ne sarà depositaria, nell'interesse dei suoi reali detentori.

Da questa riflessione emerge la possibilità che la figura del capo supremo non debba essere presa troppo sul serio. In effetti, presso i Kassena è riscontrabile un atteggiamento di perplessità o di aperta disapprovazione nei confronti dell'eccessiva crescita del potere e della ricchezza di un capo. Questo può essere considerato un punto di vista critico sul potere effettivamente assegnato al capo o al contrario una sorta di attaccamento a un quadro forse ormai obsoleto, vale a dire come rifiuto di accettare sviluppi relativamente recenti che hanno portato la figura del capo dall'essere meramente simbolica (se mai lo è effettivamente stata) al vedersi riconosciuti privilegi crescenti. Ci sarebbe stato allora un processo di accentramento del potere, di rottura della presunta eguaglianza idilliaca del passato e di aumento della distanza percepita tra il vertice e la base della popolazione. In via del tutto ipotetica, si potrebbe quindi accogliere (o almeno non respingere immediatamente) l'idea che presso i Kassena la figura del capo supremo sia stata a lungo priva di una reale autonomia e di una piena autorità e che abbia acquisito prestigio solo recentemente. Risultano pertinenti in proposito le parole di un amministratore coloniale francese citato da Emmanuel Bayili, il quale, pensando all'atteggiamento ideal-tipico delle popolazioni decentralizzate dell'area, lo aveva sintetizzato così: "Di carattere tendente all'individualismo e allo spirito di fronda, il contadino gurunsi[12] è sempre pronto a rispondere al suo capo: 'Ma chi ti ha fatto re?'" (Bayili, 1983, p. 411).

In questo quadro, la cessione del *kwara* è un atto ambiguo e sempre parziale, tale che nessuna delle parti coinvolte possa dire di avere effettivamente ceduto né ottenuto *tutto* il potere per agire indipendentemente dalle altre parti. La cessione del *kwara* rappresenterebbe quindi una forma ritualizzata di contenimento del potere in una società decentralizzata, attraverso il gioco delle parti che lega tra loro differenti gruppi di discendenza, impegnati a confermarsi reciprocamente l'intenzione di collaborare in maniera equilibrata. Il racconto esprime così in maniera sottile una concezione locale del contenimento del potere.

Tutto questo conferma quanto si era affermato all'inizio di questo capitolo. Inoltrarsi nel mito è un modo per cogliere una serie di spunti di riflessione che possono diventare sempre più stimolanti in relazione al tempo che si dedica loro. Essi non sono necessariamente il ricettacolo di una retorica delle origini che può essere piegata anche a fini politici deteriori. I miti hanno qualcosa in comune con la tana dell'oritteropo di cui si parla nel mito di Paga: se non vi si entra, si rischia di sottovalutarli, esattamente come accade con la ricchezza e la variabilità culturale su cui si soffermano generalmente gli antropologi.

12. Sulla categoria etnica di "gurunsi" vedi cap. 3.

3

SCHIAVITÙ ED ETNOGENESI

3.1 Finzioni etniche: i Kassena e i Gurunsi

Le denominazioni etniche hanno il pregio di semplificare le comunicazioni, in quanto permettono di fare riferimento a gruppi umani in maniera almeno apparentemente lineare e inequivocabile. Nel contempo, pongono problemi agli antropologi, soprattutto in connessione al tema dell'identità, in quanto è difficile eludere la questione del senso da attribuire alle etichette etniche. L'identità etnica, infatti, è soggetta a un processo di reificazione, attraverso l'associazione rigida e permanente tra un nome, un gruppo, un territorio e una cultura, con un "confine" a separare questo corpo socioculturale dal resto del mondo, in un'immagine stabilizzata che spesso, a parere degli antropologi, è assai lontana dalla realtà. Lungi dall'essere basati su una "sostanza condivisa", i gruppi etnici sono piuttosto il risultato di una produzione sociale della differenza (Barth, 1969).

Come fa notare Francesco Remotti (2010), gli antropologi tendono ad accompagnare l'uso della nozione di identità con aggettivi più o meno cautelativi, che aggiungono un elemento di negoziazione e flessibilità a un concetto che rischierebbe altrimenti di essere preso in termini troppo rigidi. Tuttavia, questo ricorso agli eufemismi non fa che confermare, a parere dell'antropologo italiano, una caratteristica dell'identità: essa è "la finzione o l'illusione di una sostanza" (2010, p. 119).

Il carattere "illusorio" o "fittizio" dell'identità non rende meno reali gli effetti culturali e politici del suo uso. Inoltre, dietro un etnonimo non c'è necessariamente un irrigidimento identitario, come ricorda lo stesso Remotti quando parla di "richieste di riconoscimento non identitarie" (2010, p. 124). Fatta questa premessa, se non siamo alla ricerca di una sostanza stabile, nella forma di una "natura" o di una "cultura" poste al di fuori della storia, l'indagine sulle denominazioni etniche prende quasi necessariamente la forma di una ricostruzione processuale: come è emerso un certo etnonimo? Porsi un problema di questo genere conferisce un senso specifico alla nozione di "finzione etnica", con la quale non si vuole veicolare l'idea di "falsità" quanto quella di costruzione progressiva, di modellamento: un "plasmare", un "dare forma", nell'etimologia latina del verbo "fingere". Non sempre, tuttavia, è possibile o agevole fornire un'immagine affidabile di questi processi, che peraltro chiamano in causa indirettamente la nozione di origine: che percorso ha affrontato una certa denominazione etnica? Da dove arriva? La risposta a queste domande non è agevole neanche nel caso dei Kassena, mentre può essere in parte fornita a proposito di un "contenitore etnico" più ampio, nel quale i Kassena sono inseriti, i cosiddetti Gurunsi. In questo capitolo ci dedicheremo alla comprensione di questa categoria etnica, della sua origine e del rapporto che intrattiene con la memoria kassena.

Insieme ad altri gruppi vicini, i Kassena sono infatti noti anche come Gurunsi (o Grunshi, o ancora Gourounsi). L'etichetta etnica "gurunsi" si applica congiuntamente a varie popolazioni della regione: oltre ai Kassena, sono gurunsi anche i Lyela, i Kô, i Nuna, i Nankana, i Frafra, i Tallensi, i Sissala e i Kusasi (Duperray, 1984). A questo proposito, è bene precisare immediatamente che questa denominazione proviene dai potenti regni confinanti con i territori di queste popolazioni relativamente deboli. La questione dei Gurunsi va dunque a inscriversi in una casistica più ampia, in quanto è assai frequente che le denominazioni etniche risultino dalla proiezione del punto di vista di un gruppo dominante (vedi Fabietti, 1998, p. 18).

In generale, dal punto di vista antropologico, le categorie etniche sono da mettere sempre tra virgolette, in quanto risultano da processi di costruzione che ne fanno fenomeni paradossali, simultaneamente reali e fittizi. È bene precisare a questo proposito che quando si parla di carattere "fittizio" delle etnie o delle identità si intende sottolineare che esse risultano da un processo di costruzione culturale che si dipana nel tempo. Una categoria etnica non è "vera" o "falsa", ma può essere più o meno pacificamente accettata, può evocare memorie condivise oppure scatenare un dibattito aspro, può accordarsi a rappresentazioni accettate collettivamente oppure turbare in maniera più o meno marcata la sensibilità di qualcuno. Le categorie etniche sono spesso rappresentate, almeno in taluni contesti discorsivi, come attributi quasi naturali dei gruppi umani che designano, gruppi che a loro volta, attraverso l'immaginario etnicizzante, subiscono un processo di compattamento e reificazione che ha una duplice dimensione: elidere le differenze intragruppo e sottolineare le differenze intergruppo. Ora, se questo avviene in varie forme per tutte le categorie etniche, e dunque tutte le categorie etniche vivono di una dialettica di finzione e realtà, sembra che alcune di queste siano più fittizie di altre. È questo probabilmente il caso dei Gurunsi, il cui carattere di invenzione etnica precoloniale, come vedremo, è assai evidente.

La produzione etnografica sui Kassena e i Gurunsi è frammentata quanto le formazioni sociali decentralizzate della regione settentrionale dell'attuale Ghana. A proposito del Kassoŋo, il territorio dei Kassena, la letteratura "classica" non offre niente che possa essere anche lontanamente paragonato al monumentale lavoro di Meyer Fortes sui Tallensi, per esempio. All'epoca in cui avviai le mie ricerche sui Kassena, questo dato costituiva un impedimento molto rilevante e allo stesso tempo uno stimolo o una sfida. Nonostante queste difficoltà relative al *corpus* etnografico e alle fonti scritte, la questione dell'etnonimo Gurunsi, come le altre affrontate in questo volume, mi spingeva non solo a esplorare una sfera di significato nel presente attraverso il lavoro sul campo, ma anche a tentare di leggere il passato attraverso i frammenti disponibili. Se l'etichetta Gurunsi porta con sé un carico di storia, tuttavia, questo non deve far pensare che lo faccia in quanto denominazione "originaria" di un popolo "ancestrale" dell'area voltaica che successivamente si sarebbe suddiviso nei gruppi attualmente noti. Al contrario, Gurunsi emerge storicamente come termine che raggruppa un insieme di popolazioni in maniera dispregiativa.

Accanto alle sue specificità, il caso dei Gurunsi suggerisce anche qualche riflessione più generale. L'esteso e incisivo lavoro di critica dell'uso del concetto di etnia svolto dagli antropologi negli ultimi decenni non sottrae certo il concetto stesso all'indagine storico-antropologica. Al contrario, è proprio la consapevolezza del carattere fittizio dell'etnia a stimolare ricerche che ne possano mettere in luce i processi di costruzione attraverso fonti scritte e testimonianze orali. La decostruzione dell'etnia non è soltanto una legittima operazione intellettuale fine a se stessa, né è solamente volta ad alimentare il dibattito sull'essenzializzazione delle categorie etniche e sull'uso discriminatorio delle stesse. Essa è anche e soprattutto una feconda strategia di ricerca che permette di avviare un percorso aperto verso temi che non possono essere preventivati, come è stato fatto con il mito come "fucina di temi" (cap. 2). Nel caso preso in esame in questo capitolo, quello dei Gurunsi, l'indagine su un etnonimo sfuggente, da più parti citato e contestato, evocato e negato, conduce al tema della schiavitù.

3.2 Un etnonimo controverso

Indizi di quanto sia profonda la connessione tra i Kassena e la schiavitù possono essere riscontrati nelle frammentarie fonti scritte attualmente disponibili.[1] Per esempio, la prima testimonianza dell'esistenza stessa dei Kassena (o, più precisamente, della loro lingua, il kasem) a essere giunta in Europa non è altro che il frutto della dislocazione forzata di schiavi dal Kassoŋo a opera dei Dagomba. Il più antico riferimento ai Kassena nelle fonti scritte è dovuto infatti all'attività del missionario tedesco Sigismund Wilhelm Koelle, il quale intervistò in Sierra Leone due schiavi provenienti dal Kassoŋo. Koelle, che si trovava in

1. Si veda in proposito Mangiameli (2016b).

Sierra Leone dal 1847, stava raccogliendo il materiale che poi compilò nella sua opera del 1854, *Polyglotta Africana*, fondamentale per l'avvio dello studio delle lingue africane. La traccia scritta che ci interessa in questa sede riguarda un'intervista del 1851 con due uomini, uno dei quali, ricorda Koelle, parlava "kasm" e l'altro "yula". I due probabilmente erano stati catturati all'epoca delle razzie dei Dagomba ai danni dei "Gurunsi". Successivamente, sulla base del vocabolario trascritto da Koelle, l'antropologo tedesco Jürgen Zwernemann identificò lo "yula" come il kasem occidentale e il "kasm" come il kasem orientale.[2] L'identificazione etnica dei due uomini come parlanti rispettivamente "kasm" e "yula", peraltro, testimonia quanto possa essere difficile orientarsi nel turbinio di variazioni nella classificazione delle lingue o nella trascrizione degli etnonimi e dei toponimi riferiti alle società voltaiche.

Le incursioni degli schiavisti nel territorio dei Gurunsi possono essere attribuite a una serie di protagonisti diretti o indiretti, quali Mossi, Dagomba, Gonja, Mamprusi, Ashanti e Zamberma, in un periodo che va dal XVI all'inizio del XX secolo. Più precisamente, i Mossi furono attivi con le loro incursioni da nord tra il il XVI e il XIX secolo, i Dagomba e i Mamprusi, da sud, tra il XVII e il XIX secolo, e gli Zamberma nella seconda metà del XIX secolo, fino alla conquista del territorio da parte dei francesi e dei britannici. Le incursioni dei Mossi, in particolare, sembrano essere all'origine dello stesso etnonimo Gurunsi, come vedremo più avanti.

I riferimenti ai Gurunsi nelle fonti del XIX secolo sono frammentari e contraddittori, ma già alla fine del secolo emergono posizioni come quella di Gottlob Adolf Krause prima e di Johann Gottlieb Christaller poi, secondo i quali Gurunsi non era il nome di un'etnia, ma un'etichetta applicata a un insieme di popolazioni (Duperray, 1984, pp. 18-19), un'etichetta generica, che forse doveva la sua stessa circolazione non meglio verificata proprio allo status secondario delle popolazioni che designa-

2. Più in particolare, a parere di Howell (1997, p. 26), della zona di Kwapun o Kopun.

va. Di fronte all'interesse rivolto dagli osservatori occidentali ai regni dell'Africa occidentale, i Gurunsi, con le loro formazioni sociali relativamente semplici, decentralizzate ed egualitarie, finirono quasi inevitabilmente per occupare la posizione marginale di un retroterra cui si prestava attenzione solo in via incidentale. Ne derivò una definizione sostanzialmente in negativo. I Gurunsi erano i non-Mossi, non-Dagomba, non-Mamprusi, erano popolazioni il cui territorio era delimitato appunto dai regni circostanti, i Mossi a nord e i Dagomba e i Mamprusi a sud. Si trattava a tutti gli effetti di una comprensione residuale, per difetto, all'insegna della mancanza.

L'uso e il significato dell'etnonimo "Gurunsi" hanno suscitato un certo dibattito. Per quanto riguarda il suo uso, Nicolas (1947) propose francamente di ripudiarlo, anche sulla base del rifiuto a identificarvisi da parte delle stesse popolazioni interessate. Nel 1958, al contrario, Zwernemann si pronunciò a favore, sottolineando come "Gurunsi" fosse accettato e frequentemente usato presso i Kassena, i Nuna e i Sissala (1958, p. 124). Risultano distanti tra loro anche le posizioni dello studioso tedesco Hahn (2003) e della francese Duperray (1984). Il primo rifiuta l'etnonimo in quanto a suo parere si tratta di un'etichetta costruita su basi esclusivamente linguistiche, mentre la seconda, che lo adotta fino al punto di fare dei Gurunsi i protagonisti della sua monografia del 1984 e di inserire l'etnonimo nel titolo, afferma al contrario che essi sono caratterizzati da una incontestabile unità culturale, a fronte dell'eterogeneità linguistica che li differenzia tra loro.

Il significato di "Gurunsi", sulle cui connotazioni dispregiative non c'è alcun dubbio, è stato a sua volta oggetto di differenti interpretazioni. Per Cardinall (1931), i Mossi e i Dagomba lo usavano per intendere "barbaro". Annemarie Duperray (1984) riporta l'affermazione di un militare francese, Marc, che nel 1909 attribuì all'etnonimo una derivazione dal termine "grounga", "non circonciso", in lingua songhai, che poi avrebbe preso il plurale secondo la regola della lingua more (Duperray, 1984, p. 25). "Non circonciso" implicherebbe "preculturale", vale a dire "incivile". Si trattava della proiezione di un pregiudizio etnocentrico non da parte degli europei, ma delle popolazioni dei regni vicini ai Gurunsi (come nel caso del "barbaro" proposto da Cardinall). Similmente, per l'antropologo britannico Meyer Fortes si trattava di un termine utilizzato per designare popolazioni i cui costumi erano estremamente semplici e poveri agli occhi dei Mossi e dei Mamprusi (Fortes, 1945, p. 16). I Gurunsi erano "nudi", materialmente e simbolicamente, in quanto i loro corpi erano scoperti e inermi, così come la loro vita sociale era indifesa proprio perché non era incanalata da istituzioni elaborate, almeno dal punto di vista di chi li chiamava così. Infine, secondo la proposta del linguista Emilio Bonvini, particolarmente significativa, "Gurunsi" significa "bottino di caccia". Agli occhi dei Mossi, i Kassena e le altre popolazioni decentralizzate della regione erano "selvaggina da cacciare", cioè schiavi. Di converso, come ad accreditare questa interpretazione, i Kassena si riferiscono tuttora ai Mossi usando l'etichetta di *gwala*, vale a dire, letteralmente, "mercanti di schiavi". I rapporti tra le due parti sono quindi letteralmente costituiti sulla base delle razzie schiaviste. Non è difficile scorgere in questo caso il carattere strumentale dei processi di costruzione dell'identità etnica (Cohen, 1974), che a sua volta può essere ricondotto più in generale alla centralità dei rapporti di forza nei medesimi processi.

Come appare in tutta chiarezza, "Gurunsi" condivide evidentemente al massimo grado il carattere fittizio degli etnonimi. Si tratta di una categoria-ombrello che ha incluso i Kassena, i Nankana, i Tallensi, i Sissala e altri, omologando tali differenti profili attraverso la rimozione dell'eterogeneità interna al gruppo di popolazioni così etichettate. Da un'ampia serie di testimonianze scritte risulta che essa fu acquisita e fatta circolare nelle fonti scritte prodotte dagli osservatori europei, e successivamente accolta dagli amministratori coloniali, in particolare dai francesi, all'interno del loro progetto di definizione del campo di forze presenti. È altrettanto chiaro, tuttavia, che questo etnonimo non fu affatto creato dagli europei in un loro goffo tentativo di catalogare le popolazioni locali. Sebbene sembri in generale ben attestata una corrispondenza tra invenzioni etniche e progetti coloniali di incasellamento etnico a scopo di dominazione, nel caso dei Gurunsi saremmo piuttosto di fronte a un'invenzione precoloniale da parte delle popolazioni locali.

Tenendo conto del fatto che ogni società elabora una etnoantropologia o antropologia implicita (Remotti, 1990, p. 29), vale a dire una propria comprensione dell'umano a partire dalla rete di relazioni in cui i suoi membri sono inseriti, l'etnonimo Gurunsi può essere visto come un'occorrenza di questa comprensione dell'umano, del noi e dell'altro, che risulta dal reciproco osservarsi e giudicarsi tra società centralizzate (Mossi, Mamprusi, Dagomba) e decentralizzate (i Kassena e l'universo gurunsi) e dalle loro relazioni, drammaticamente forgiate dalle razzie schiaviste.

3.3 L'invulnerabilità dei deboli

Il rapporto tra regni e società centralizzate nella regione voltaica era dunque fortemente asimmetrico, tanto che i territori dei Gurunsi erano visti dai Mossi come una sorta di vivaio nel quale reperire schiavi. Tuttavia, si può ipotizzare che per certi versi la relativa debolezza dei Gurunsi abbia avuto un ruolo ambivalente: essa ha fatto dei Gurunsi le prede ideali degli schiavisti, ma, come vedremo, potrebbe aver contribuito indirettamente a salvare gli stessi dall'annessione. In questo senso avrebbe quindi scongiurato la scomparsa delle formazioni sociali decentralizzate.

La relazione asimmetrica tra i due poli assunse un tono abbastanza marcato. Il disprezzo nei confronti dei Gurunsi, fondato sulla differenza in termini di forme politiche, agiva come fattore di legittimazione delle razzie. La relativa "semplicità" dell'organizzazione politica Gurunsi era una dimostrazione di inferiorità, in un approccio nel quale non si fatica a cogliere una versione africana di un complesso di superiorità più diffuso in Europa e venato di una forma molto spicciola di evoluzionismo: i Gurunsi erano bollati come "incivili", cioè "arretrati" dai loro vicini più potenti.

Sembra proprio che l'assenza di istituzioni politiche forti abbia avuto la capacità di attirare in maniera strutturale l'attenzione dei Mossi verso i Gurunsi.[3] Dal punto di vista dei Mossi, i Gurunsi avevano una caratteristica macroscopica e dalle forti connotazioni negative. Essi ignoravano il *naam*, vale a dire il principio del potere soggiacente all'organizzazione politico-rituale. Per questa via, essi venivano spinti dai Mossi nel dominio del subumano e sussunti sotto una categoria etnica che andava a etichettare congiuntamente gruppi eterogenei, le cui eventuali differenze interne, quelle che separavano i vari "Gurunsi" tra di loro, non potevano avere alcuna importanza rispetto all'elemento di inciviltà che i Gurunsi "evidentemente" condividevano.

L'etichetta dispregiativa, in effetti, fu funzionale se non consustanziale al saccheggio reiterato ai danni delle popolazioni decentralizzate. Come abbiamo appena visto (par. 3.2), il termine "Gurunsi" ha un significato che oscilla tra "incivile", "preculturale", e "non circonciso", fino a evocare quasi la nozione di "subumano". Una denominazione evidentemente dura, che assimilava i membri delle società decentralizzate alla selvaggina da cacciare, diventò uno strumento adatto a pensare ciò che meritava di essere disprezzato, cioè gli schiavi, e dunque contribuì allo sviluppo di un'etnoantropologia dei Mossi, in cui l'autocomprensione era alimentata necessariamente anche dalla rappresentazione dell'altro. Nella produzione sociale della differenza culturale tra gruppi etnici (Barth, 1969), infatti, la frequentazione reciproca attiva un rafforzamento progressivo della distinzione tra due profili, attraverso una sorta di processo di schismogenesi (Bateson, 1972) che si sviluppa attraverso il ripetersi delle interazioni.

3. L'antropologo francese Claude Meillassoux (1986, p. 74) sottolinea il carattere organico della presenza della schiavitù in società politicamente, militarmente e commercialmente organizzate, di cui i Mossi sono un esempio, che sono strutturate gerarchicamente sulla base dei rapporti di classe. Non va dimenticato, tuttavia, che la schiavitù non era estranea agli stessi Kassena, presso i quali era diffusa in forma endogena. Essa, a parere di Batiga (1985), era una delle istituzioni su cui si basava l'organizzazione sociopolitica del Kassoŋo precoloniale (Batiga, 1985, pp. 32-33).

La vicenda della schiavitù evoca anche un intreccio di etica e politiche identitarie. Il giudizio dei Mossi sui Gurunsi potrebbe infatti essere utile anche per comprendere la ragione per cui i primi, evidentemente più potenti, non giunsero mai a prendere stabilmente possesso dei territori dei secondi. Secondo Binger (1892), i Mossi decisero di non annettere i Gurunsi proprio perché li consideravano estranei. La condizione di estraneità percepita era necessaria affinché i Mossi potessero continuare ad attingere al vivaio di schiavi. Se avessero inglobato i Gurunsi, i Mossi avrebbero ridotto la distanza e non avrebbero più potuto saccheggiarli.

Mentre questa interpretazione attribuisce a una deliberata scelta strategica dei Mossi un ruolo determinante ai fini della sopravvivenza dei Gurunsi, come forme socioculturali autonome, Anne Marie Duperray (1984), al contrario, obietta che furono le popolazioni decentralizzate a impedire l'annessione con la loro combattività e con le loro strategie di difesa. Accanto a queste due ipotesi ce n'è una di carattere geopolitico. A parere di Jack Goody (1967), si dovrebbe allargare lo sguardo al sistema regionale per registrare non solo le relazioni tra società centralizzate e società decentralizzate, ma anche quelle tra società centralizzate poste rispettivamente a nord e a sud del territorio dei Gurunsi. Le società decentralizzate costituivano uno spazio cuscinetto tra i Mossi a nord, nell'attuale Burkina Faso, e i regni dell'attuale Ghana. Questa presenza intermedia dovette essere gradita ai regni in quanto permise di evitare spiacevoli scontri diretti e il dispendio di risorse che sarebbe derivato dalla necessità di tenere sotto controllo territori ostili e posti al confine con dirimpettai molto potenti (Goody, 1967, p. 183).

In sintesi, i Gurunsi si presentavano ai Mossi, ai Dagomba e ai Mamprusi come società decentralizzate e si ostinarono a mantenere questo profilo nonostante gli assalti che avevano subito e che continuarono a subire, a dispetto dell'idea secondo cui una forma più semplice di organizzazione è destinata a soccombere al cospetto di forze più strutturate e a scomparire nel flusso dell'evoluzione sociopolitica verso una maggiore complessità. La decentralizzazione dei Gurunsi era un indizio di debolezza che attirò verso di loro i razziatori sin dal XVI secolo, se non prima, e senza dubbio alcuno le razzie indebolirono ulteriormente le loro vittime, rendendole ancora più adatte a interpretare quel ruolo in una reiterazione periodica della relazione di sopraffazione. La debolezza strutturale e il frazionamento dei Gurunsi li resero perfetti per fungere da cuscinetto. In altre parole, se la sopraffazione materiale da parte dei regni si tradusse anche nella violenza simbolica di un'invenzione etnica che ribadiva nell'etnonimo l'asimmetria tra razziatori e prede, la debolezza dei Gurunsi li ha anche messi nelle condizioni di restare inopinatamente autonomi nonostante secoli di assalti unilaterali. La debolezza diede dunque luogo a un'inaspettata invulnerabilità.

3.4 La schiavitù scritta nel panorama

La rilevanza della schiavitù nella storia dei Kassena è facilmente percepibile già attraverso la semplice osservazione del panorama antropizzato e più precisamente della struttura degli insediamenti lignatici, come ho potuto esperire durante il lavoro di campo nel Kassoŋo, soprattutto in una sua porzione, il chiefdom di Paga, dove quel che resta della cosiddetta "architettura tradizionale" reca tracce impressionanti della schiavitù. Il panorama assume quindi le caratteristiche di un prodotto sociale (Lai, 2000, pp. 14-34), e più precisamente di un testo, anche se si tratta di un testo che non è stato scritto sempre con una piena consapevolezza, ma almeno in parte involontariamente, come del resto si può dire più in generale della cultura stessa nell'accezione antropologica (Mangiameli, 2013, pp. 145-146).

Oltre a essere registrata nelle fonti scritte, come abbiamo visto nelle pagine precedenti, la schiavitù è infatti testimoniata attraverso altre forme di materializzazione della memoria storica. Deboli politicamente e militarmente rispetto ai regni predatori, ma comunque non del tutto indifesi, i Kassena elaborarono una strategia basata innanzitutto sulla difesa dei loro insediamenti. Tuttavia dovettero farlo tenendo conto del fatto che procedere alla fortificazione dei villaggi sarebbe stata un'impresa titanica. A questo proposito è bene fornire qualche delucidazione sul villaggio kassena, o meglio sul modo in cui si manifesta concretamente nello spazio quell'entità simultaneamente genealogica e territoriale che i Kassena chiamano *nawuuri* e che solo a rischio di qualche equivoco può essere etichettata in italiano come "villaggio".

Il modello abitativo dei Kassena prevede l'insediamento sparso, nel quale ogni compound è circondato dai campi ed è relativamente distante dagli altri compound. Il villaggio kassena, cioè il *nawuuri*, che sarebbe traducibile più opportunamente come "sezione genealogico-territoriale" o per brevità "sezione", è un insieme di compound collegati tra loro da legami di discendenza. Di conseguenza, esso non è affatto compatto come un agglomerato urbano o come un villaggio circondato dalla foresta e dunque non è difendibile con una fortificazione. Si tratta più di un'entità concettuale che si dipana su un territorio molto vasto, con ampie porzioni di terra inutilizzata al suo interno. In generale, non è affatto facile capire dove finisca il territorio di un *nawuuri* e dove cominci quello di un altro. Più precisamente, non c'è niente che permetta di distinguere lo spazio che separa due compound dello stesso *nawuuri* da quello che separa due compound appartenenti a *nawuura* differenti, anche se tali confini esistono, sono collegati a elementi visibili quali massi, alberi, sentieri, e sono ben chiari agli abitanti degli insediamenti interessati. Con sano realismo, non potendo fortificare spazi giganteschi quali quelli occupati da ogni *nawuuri*, i Kassena scelsero come unità da difendere i singoli compound presi isolatamente, una scelta analoga a quella fatta dagli Igbo, come fa notare Klein (2001, p. 61).

È ai compound kassena, ai *sam* (plurale di *soŋo*, termine in lingua kasem per compound), infatti, che si applica opportunamente la definizione di "fortezze di fango" proposta da Frobenius (1912). Il perimetro del compound è descritto dalle singole camere, di forma circolare nel modello tradizionale e generalmente quadrangolare in quello attuale, che compongono l'insediamento giustapponendosi le une alle altre. La fortezza di fango dei Kassena aveva un solo ingresso all'insediamento, sul lato occidentale, mentre per il resto era impenetrabile. Ogni camera (*diga*), che corrispondeva e corrisponde grosso modo a una famiglia nucleare, costituiva una postazione difensiva autonoma, con gli uomini sul tetto a brandire arco e frecce e le donne all'interno, armate di bastoni. Il tetto piatto, che oggi viene utilizzato per esporre al sole gli alimenti da essiccare e sul quale talvolta qualcuno dorme, fu una scelta adattativa specifica, volta a uno scopo preciso di tipo difensivo e per questa ragione adottata uniformemente. A questo si accompagnava l'ultimo strumento difensivo, costituito dall'ingresso angusto di ogni *diga*. Per accedere alla camera, infatti, era necessario chinarsi. Subito oltre l'ingresso, all'interno della camera, c'era un muricciolo che costringeva chiunque tentasse di entrare a muoversi in maniera molto farraginosa, in particolare gli aggressori schiavisti, i veri destinatari di questo accorgimento architettonico. Superato l'ingresso, prima che potessero assumere nuovamente la posizione eretta, gli aggressori si esponevano ai colpi di bastone delle donne appostate dietro il muricciolo. Questa strategia, rudimentale ma efficace, contribuì ove possibile a limitare i danni delle razzie schiaviste, che ebbero comunque un impatto disastroso.

Come appare ora chiaro, ciascuna occorrenza di questo genere di camera è portatrice di una memoria localizzata ed evoca un ricordo che può essere messo in scena praticamente allo scopo di trasmettere la conoscenza della storia locale. La memoria della schiavitù è dunque scritta nello spazio, o più precisamente inscritta nell'ambiente costruito, così come più in generale la memoria storica locale passa attraverso le tracce di genealogia riconoscibili nell'architettura, per esempio attraverso gli altari la cui presenza/assenza definisce l'anzianità relativa e il grado gerarchico di un insediamento nella struttura lignatica e per questa via ne definisce i rapporti con gli altri insediamenti (vedi cap. 4). Sebbene il modello architettonico con funzione difensiva sia stato accantonato da tempo, sostituito da costruzioni a base quadrangolare, con ingresso ad altezza d'uomo e spesso (ma non sempre) prive del tetto piatto, permangono ancora camere del tipo "tradizionale" descritto sopra, che spesso vengono utilizzate a scopi rituali.

Proprio presso una di queste, nel 2003, ebbi l'occasione di ascoltare per la prima volta un resoconto della tattica di difesa. Si trattava di una stanza adibita a ospitare alcune attività preliminari ai rituali. Sottolineare le circostanze in cui ascoltai questo resoconto è certamente rilevante per mettere in luce il ruolo della schiavitù sia nell'autocomprensione locale del "noi" sia nella sua rappresentazione agli occhi di soggetti esterni. In effetti, si trattava della mia prima visita a un *soŋo*, nel corso della mia prima permanenza sul campo.

Nello stesso momento in cui si iniziava a lavorare alla mutua comprensione caratteristica del lavoro etnografico, il primo contatto con la vita quotidiana attraverso la mia visita a un *soŋo* diventava immediatamente occasione per parlare delle razzie schiavistiche di un secolo prima (e peraltro l'uomo, nemmeno quarantenne, che inscenò quella rappresentazione parlava come se fosse stato testimone diretto di quegli attacchi e di quelle tattiche difensive). La presentazione del "noi" e la schiavitù si manifestarono subito come inscindibili. Innanzitutto, si trattava di spiegare all'*altro*, in questo caso il sottoscritto, quanto le razzie avessero segnato drammaticamente il corpo collettivo, tema che peraltro emergeva quotidianamente nei frequenti riferimenti a Babatu.[4] Inoltre, dal punto di vista locale era significativo sottolineare la notevole dimostrazione di resistenza e adattamento da parte dei Kassena e/o dei Gurunsi, i quali affrontarono l'offensiva degli schiavisti in un arco di tempo che copre almeno tre secoli (tenendo conto delle differenti ondate e delle differenti direttrici degli attacchi). I Kassena, almeno apparentemente deboli, riuscirono infatti a resistere fino al momento dell'arrivo delle truppe francesi e britanniche (rispettivamente nell'attuale Burkina Faso e nell'attuale Ghana), che pose fine al vecchio regime e aprì una nuova pagina, quella coloniale.

4. Uno dei nomi più noti tra gli schiavisti zamberma, autentico spauracchio del passato, un'ombra inquietante che viene citata come espressione incarnata e più autentica del male assoluto.

3.5 Una comparazione regionale: i razziatori, le prede e il culto della terra

Come si è visto nei paragrafi precedenti, accanto all'esercizio della violenza fisica in quanto tale, le razzie schiaviste chiamavano in causa anche elementi di autocomprensione e di comprensione dell'altro da parte dei soggetti coinvolti, operazioni che per ciascuno di questi si svolgevano attraverso una lettura del proprio mondo culturale e di quello altrui, all'insegna di un etnocentrismo più o meno marcato. Nonostante il "giudizio di condanna" espresso nei confronti dei Gurunsi a proposito della loro condizione incivile, preculturale o subumana, esistevano anche significativi elementi di continuità tra questi e i loro vicini più potenti. È bene a questo proposito esaminare il concetto kassena di *taŋwam*.

Nel panorama dei Kassena, sia nel senso geografico sia in quello culturale del termine "panorama", si collocano come figure di primaria importanza le divinità ambientali, vale a dire luoghi "naturali" e "sacri", due concetti che in questa sede vanno utilizzati solo per abbozzare una comprensione superficiale. Ciascuno di questi luoghi ha un nome proprio, è sede di operazioni rituali quali offerte sacrificali che sono destinate alla divinità di cui il luogo porta il nome, e gode dello status di divinità. L'ontologia del sacro presenta una spiccata ambivalenza: il luogo è sacro alla divinità, ma allo stesso tempo la divinità è consustanziale al luogo stesso. Sebbene le divinità possano spostarsi, infatti, la distinzione tra trovarsi in un luogo ed essere un luogo è irrilevante nella concezione kassena del sacro ambientale. Per la medesima ragione, secondo una consolidata prassi antropologica che vuole limitare il peso delle definizioni dall'alto e mettere in luce la produzione locale del senso, risulta insoddisfacente considerare questi luoghi alla stregua di santuari, come ha giustamente affermato anche Danouta Liberski-Bagnoud (2002, p. 15). Nell'idea di santuario è implicito che esso sia *dedicato a* una divinità, un tratto che nel caso delle divinità ambientali risulta coprire solo una parte del senso localmente attribuito. L'idea di santuario o di luogo sacro convive infatti con quella di una divinità immanente alla materialità, una divinità che cresce, si sviluppa, si modifica o talvolta deperisce e muore attraverso i processi fisiologici, geologici ed ecologici che caratterizzano una certa porzione di ecosistema.

Per riferirsi a queste divinità, che possono consistere in colline, ammassi rocciosi, boschetti, sparuti gruppi di alberi o persino singoli alberi, specchi d'acqua e quant'altro, i Kassena usano il termine *taŋwam* (plurale: *taŋwana*), il cui significato letterale è abbastanza ambiguo e spesso sconosciuto agli stessi parlanti kasem, ma può essere reso con l'idea di "pelle della terra". Come mostra significativamente Liberski-Bagnoud, l'uso di questo vocabolo, con variazioni locali, è comune ad altre popolazioni dell'area, tra i Gurunsi e non solo, per fare riferimento a fenomeni analoghi. Tramite l'opera di Rattray (1932) è possibile riscontrare la somiglianza del termine *taŋwam* dei Kassena con il *tingana* dei Nankana, il *tengban* dei Kusasi, il *tengwam* dei Namnam, il *tangwane* dei cosiddetti Awuna, il *tingbani* dei Dagomba, mentre le ricerche di Meyer Fortes sui Tallensi (Fortes, 1945), di Susan Drucker-Brown sui Mamprusi (Drucker-Brown, 1975), di Jack Goody sui LoWiili (Goody, 1956) e di Franz Kröger sui Builsa (Kröger, 1982) permettono di aggiungere a questa lista rispettivamente il *toŋgban* (Tallensi), il *teŋgban* (Mamprusi), il *teŋgaan* (Lo-Wiili) e il *tengbain* (Builsa).

In tutti i casi appena citati, il termine utilizzato per intendere "divinità" nasce dalla giustapposizione delle parole "terra" e "pelle". Questo dato permette di rintracciare legami, somiglianze o scambi che non solo esulano dalla dimensione etnicizzante specifica dei Kassena come mondo a sé stante, ma tagliano anche i confini tra i Gurunsi e altre popolazioni, tra cui gli stessi Dagomba e i Mamprusi, che figurano, come si è visto, tra i principali esponenti dell'alterità aggressiva che in passato minacciò l'esistenza stessa dei Gurunsi. Questo concetto, a cui per comodità ci riferiamo usando il termine proprio della lingua kasem, cioè *taŋwam*, era ed è un elemento culturale trasversale ai "confini etnici". Evidentemente, quando si misuravano concettualmente con i Gurunsi rafforzando la sensazione di distanza socioculturale e di superiorità rispetto a questi ultimi, gli uomini dei regni tenevano a mente soprattutto la specifica forma politica che li caratterizzava (il regno, appunto, a confronto con le formazioni decentralizzate dei Gurunsi) e il principio soggiacente (il già citato *naam* dei Mossi). Essi tralasciavano invece gli elementi condivisi, evidentemente imbarazzanti da questo punto di vista, quali il culto dei *taŋwana*.

In effetti, un'operazione concettuale di questo genere non sorprende, in quanto il culto delle divinità della terra in Africa occidentale, pur nella variabilità delle appartenenze etniche e delle elaborazioni locali, è generalmente associato a linee di discendenza autoctone, in contrapposizione strutturale con i clan di "immigrati conquistatori", i quali hanno portato principi politico-rituali innovativi e infatti mantengono il controllo della chieftaincy e/o della monarchia. Da questo punto di vista, come in parte emerge anche dai racconti eziologici dei Kassena, la figura dell'autoctono (o meglio dell'antenato di coloro i quali si proclamano autoctoni) si configura talvolta come preculturale, a fronte di un'innovazione culturale proveniente dall'esterno che rompe la stasi e avvia una storia più spiccatamente politica e organizzata. In altre parole, in una lettura strumentale, ciò che le culture dei regni condividevano con le culture delle società decentralizzate era appunto la parte meno "nobile" delle monarchie stesse.

3.6 Gli interventi delle divinità ambientali

Impegnati nella costruzione di una cornice interpretativa degli eventi drammatici dello schiavismo, i Kassena hanno spesso chiamato in causa proprio i *taŋwana*, le divinità ambientali di cui si è parlato nel paragrafo precedente. Ai *taŋwana* fu infatti riconosciuto in varie circostanze un ruolo sorprendente e significativo, quello di soggetti attivi a difesa dei Gurunsi contro gli attacchi degli schiavisti. Questo spunto, apparentemente bizzarro, è un'importante chiave d'accesso alla differenza culturale. Esso, più in particolare, va calato in un contesto in cui "l'intero mondo – e non soltanto il mondo degli umani –

è saturo di agentività e intenzionalità", parole che Tim Ingold (2000b, p. 14) utilizza a proposito dei cacciatori Cree, ma che sono assolutamente pertinenti anche nel caso africano che è qui in discussione.

In un mondo in cui l'agentività non è esclusiva umana ma prerogativa di una serie di entità, all'insegna della celebre formula di Bruno Latour, *objects too have agency* (Latour, 2005, pp. 63-86), la significatività dei luoghi sacri può tradursi nella rappresentazione secondo cui i *taŋwana* hanno aiutato l'inerme popolazione locale a salvarsi dalle razzie schiaviste. Per quanto riguarda più precisamente il contesto Kassena, è interessante notare che mentre la divinità suprema, We, è fondamentalmente un *deus otiosus*, assimilabile ed effettivamente assimilato al dio creatore della tradizione giudaico-cristiana, i *taŋwana* sono attivi e coinvolti nelle vicende umane. Non stupisce dunque che questi siano chiamati in causa anche nella memoria collettiva relativa alle razzie schiavistiche. Qui, come in altre circostanze, emerge una concezione allargata dell'agentività che vede i non umani, in tutta la loro varietà, come autentici protagonisti della stessa storia umana, sia nel caso dei Kassena, sia più in generale presso i Gurunsi.

Un esempio viene da Allison Howell (1997, pp. 6-7), che propone alcune testimonianze interessanti a proposito dei Nankani. La tradizione orale fa infatti riferimento a come i Nankani riuscirono in qualche occasione a sconfiggere gli schiavisti, evocando per esempio il contributo determinante dei cani che attaccarono i cavalli degli aggressori. L'apparizione del non umano, in questo caso i cani, nella difesa dei Gurunsi dagli attacchi degli schiavisti è tutt'altro che un dato episodico. Howell riporta che in territorio nankani sono numerosi i *taŋwana* (in questo caso, più precisamente, i *tingane*) il cui nome è associato a vicende di questo genere. Di uno di questi, "uno dei più potenti" (Howell, 1997, p. 7), si dice che sia giunto dal Burkina Faso (confermando quanto si diceva sopra a proposito della "mobilità" attribuita ai *taŋwana*), e che il suo apporto difensivo di fronte ai razziatori sia stato decisivo in qualche occasione, per esempio quando scacciò gli aggressori per mezzo di una tempesta. Furono infatti il cielo scuro e la forza del vento e della pioggia a confondere e atterrire gli schiavisti, ai quali non restò che rinunciare all'attacco. Un'altra vicenda analoga è quella nella quale il *tingane* protagonista è un fiume. Uno schiavista e i suoi uomini avevano ucciso un capo locale. La reazione della comunità mise in fuga gli schiavisti, che si imbatterono nel fiume ed ebbero la peggio. Quando i loro cavalli caddero, gli uomini, feriti gravemente, furono facili prede per gli inseguitori, che prontamente li uccisero.

Circolano narrazioni del genere anche presso i Sissala, che sono noti per un'iniziativa difensiva di grande rilievo nel XIX secolo, vale a dire la costruzione del muro di Gwollu, un'opera decisamente imponente, tenuto conto del contesto. Secondo Jua (1998, p. 14), il muro di Gwollu si rivelò certamente efficace, ma la tradizione orale attribuisce un ruolo determinante, a sostegno del muro, a una divinità di Gwollu, nota come Nyagli Gwening, che riceve tuttora offerte sacrificali. Un altro esempio riportato da Jua è quello relativo a una montagna, nei pressi del villaggio di Kpang, presso la quale cercarono la salvezza i Sissala in fuga dalle razzie. Su quella montagna i Sissala costruirono un rifugio in pietra che si dimostrò estremamente stabile e sicuro e che è riuscito anche ad arrivare intatto fino al presente. La montagna è dunque una divinità anch'essa e, come scrive Jua (1998, p. 15), riceve tuttora sacrifici dalla gente di Kpang.

Per via di una serie di circostanze non molto dissimili da quelle relative alla montagna dei Sissala, nella memoria dei Kassena di Saa figura una collina che a sua volta fu determinante nell'accogliere e salvare potenziali prede degli schiavisti. Come riporta Kupoe (1998, p. 19), la collina di Zambao aiutò i Kassena della zona. Questi ultimi riuscirono a prevalere contro gli schiavisti, nonostante usassero arco e frecce a fronte delle armi da fuoco dei razziatori, grazie alla collina stessa, che "impedì" l'uso delle armi da fuoco. Il dettaglio è significativo in quanto collegato a un aspetto attuale della ritualità: proprio in ricordo di questo episodio mitico-bellico, a Saa non si fa uso di armi da fuoco nel corso delle celebrazioni funebri. In altre parole, non solo le razzie schiavistiche furono un fenomeno straordinariamente drammatico della storia locale, ma oggi possono essere evocate come momento di creazione di alcuni aspetti della cosiddetta tradizione, che quindi recupera piena storicità grazie alla voce stessa della popolazione interessata.

Lo stesso Kupoe accosta peraltro il ruolo di Zambao alla nascita della coalizione che si raccolse intorno al chiefdom di Chiana (nell'attuale Ghana nordorientale) e che ebbe successo nel contrapporsi agli schiavisti. La collina incorpora così sul piano simbolico un successo storico che ha una controparte fattuale nel dato riscontrabile della coalizione vincente, senza dimenticare che la collina fu un ottimo nascondiglio per chiunque volesse sfuggire alle razzie. Si registra qui, come in altri casi, una corrispondenza tra aspetti religiosi o rituali della tradizione orale e caratteristiche significative sia della strategia sia della conoscenza del territorio nel corso delle razzie.[5]

3.7 L'autentico nella creazione permanente

Nel 2003, come si è detto in precedenza (par. 3.4), ebbi modo di assistere a una performance improvvisata, nel corso della quale un uomo mi illustrò la strategia di difesa dalle razzie schiaviste presso i compound kassena. Qualche tempo dopo, la camera che aveva fatto da teatro alla rappresentazione della difesa dagli attacchi in territorio kassena fu motivo di ispirazione di ulteriori notizie. Con grande sorpresa, infatti, appresi che questa era stata abbattuta per fare posto a una nuova camera a base quadrangolare. Quando chiesi spiegazioni, sottolineando quanto fosse spiacevole aver perduto una testimonianza di quel modello architettonico kassena, il proprietario mi rispose che effettivamente era un peccato. Egli, tuttavia, aggiunse che il danno era in realtà molto limitato. In qualunque momento non sarebbe stato difficile ricostruirla esattamente identica, dato che le modalità di costruzione gli erano ben note e che vo-

5. Il caso di Pikworo, a Paga (che vedremo nel par. 3.8), appartiene appunto a tale casistica.

lendo avrebbe potuto fare affidamento anche sulle competenze in materia di numerosi abili costruttori, tra parenti e amici. A riprova di ciò, egli aggiunse che non era stato difficile neanche costruire quella camera, quella che avevo visto e che era stata distrutta: l'avevano costruita pochi anni prima.

La stanza non era "antica", ma nel contempo lo era, come mi disse quell'uomo, con la familiare propensione kassena per la conciliazione degli opposti. Essa era stata costruita *ex novo* grazie a una sponsorizzazione, allo scopo di valorizzare la memoria locale, nell'ambito di un progetto di patrimonializzazione elaborato e sviluppato da una ONG statunitense in collaborazione con rappresentanti della comunità locale. Si trattava di una delle iniziative del Ghana Community Based Ecotourism Project che era stato avviato nel 1995 (Zeppel, 2006, p. 217). Tuttavia, essa non era e non poteva essere semplicemente un falso. Era proprio il concetto di falso artistico a risultare di difficile applicabilità in questo caso. Come nel caso delle capitali mobili illustrato da Francesco Remotti (1989), ciò che viene conservato è il modello, non l'artefatto in quanto tale. E dunque è proprio il modello a essere preso in considerazione dal progetto di patrimonializzazione.

Questa costruzione, prima apparsa, poi scomparsa e infine destinata forse a riapparire successivamente, era il risultato del riproporsi di una modalità di costruzione. In questo caso, più che di una sorta di autenticità legata al lasso di tempo trascorso dalla costruzione, cioè al prestigio connesso alla profondità storica della costruzione, sembra che a contare davvero sia l'adeguatezza di una modalità di costruzione spiccatamente locale, relazionale, generativa e non definitiva. In effetti, per analizzare la "casa" kassena come artefatto, sembra opportuno ricondurre la costruzione stessa al contesto locale di produzione dell'artefatto stesso e del suo senso. A questo scopo, bisogna mettere in discussione tre assunti base dell'immaginario relativo all'architettura: in primo luogo, la creazione attiene alla progettazione; in secondo luogo, la costruzione è mera esecuzione del progetto; infine, l'oggetto viene prima completato e successivamente usato o, in questo caso, abitato. Come afferma Ingold (2013, pp. 47-48), questo modo di immaginare l'architettura trascura il fatto che l'oggetto (per esempio, la stanza kassena) è inserito in un mondo sottoposto a crescita, declino e rigenerazione. Il compound, come vedremo anche più avanti (cap. 4), passa attraverso un ciclo di vita dagli esiti imprevedibili, che lo porta ad aumentare o diminuire di dimensioni, con l'aggiunta di camere o l'abbandono di alcune di queste, in base alle esigenze dei residenti, il cui numero può essere di poche unità ma può anche raggiungere il centinaio. Essendo basata sulla tecnologia del fango, peraltro, la cosiddetta "architettura tradizionale" kassena ha avuto per secoli come necessario presupposto la periodica ricostituzione delle costruzioni, sottoposte a deperimento e dunque in un certo senso sempre rifatte e mai del tutto originali o antiche. La materialità incide sulla progettazione e sulla concettualizzazione della casa come artefatto: le case "tradizionali" dei Kassena sono sempre antiche, da un certo punto di vista, e nel contempo non lo sono mai del tutto. Soprattutto, esse non sono mai "finite", ma sempre in mezzo tra un lavoro di manutenzione e un altro, tra una modifica e un riaggiustamento, tra due momenti del loro sviluppo in senso lato.

La creazione permanente è infatti un principio che nel Kassoŋo risulta non solo da queste pratiche ma anche dalla più ampia visione del mondo inscritta nella cosmogonia, che abbiamo già visto (cap. 1). Il *dwi*, cioè la polpa della calabash originaria, continua a spaccarsi e a differenziarsi dando forma alle entità che popolano il mondo. Da questo punto di vista, il mondo si autocostruisce continuamente, confermando l'opportunità della distinzione tra due accezioni di creatività: la prima, più familiare, è propria del soggetto-autore che crea un'opera di ingegno di qualunque genere (sul modello del Dio Creatore); la seconda è invece attributo di un campo di forze eterogenee che si modellano a vicenda e danno luogo alle forme più varie senza un progetto prestabilito in tutti i dettagli (sul modello della cosmogonia kassena o dell'evoluzione della vita dal punto di vista scientifico, se si preferisce). Come affermano opportunamente Ingold e Hallam, "la continuità della tradizione non è dovuta a un'inerzia passiva, ma alla sua rigenerazione attiva" (2007, p. 6). Per questa via, la condizione ambivalente delle case "tradizionali" kassena, sempre antiche e (nello stesso tempo) mai davvero antiche, si rivela anche come attributo della stessa nozione di cultura in senso generativo.

L'evoluzione delle forme di vita è un contributo continuo all'autopoiesi, cioè al processo attraverso il quale il mondo costruisce se stesso in miriadi di differenti manifestazioni. Il legame tra differenti generazioni delle medesime entità risiede proprio nella condivisione del *dwi*, inteso come semenza lignatica che permette di cogliere l'identità anche in esemplari differenti. È su questa base, non sorprendentemente, che i Kassena commentano frequentemente che due "cose" sono differenti ma nel contempo uguali, in quanto condividono il *dwi* almeno parzialmente. Più in generale, salendo su una scala di astrazione, il *dwi* connette tutto ciò che esiste, in quanto qualunque cosa discende dal processo di autopoiesi avviato con la spaccatura della calabash cosmica. Il ciclo di costruzione, abbandono o distruzione e ricostruzione di una casa "antica" va dunque letto in questo quadro che non permette di tracciare una linea netta tra artefatto "autentico" in quanto antico e "non autentico" in quanto nuovo.

La mia sorpresa per l'abbattimento della stanza non aveva motivo di essere, così come non c'è ragione per ritenere basso o nullo il valore di una stanza "tradizionale" costruita solo recentemente e con il preciso proposito di mettere in mostra una stanza "tradizionale", appunto. Per una via totalmente differente da quella che ha portato all'idea occidentale di "opera d'arte nell'epoca della sua riproducibilità tecnica", la copia di oggi è di assoluto valore. Nel contempo, e non contraddittoriamente, essa può essere distrutta senza rimorso.

In tutta evidenza, questa pratica di costruzione/distruzione risulta difficilmente collocabile sia rispetto alla dicotomia tradizione/modernità, sia rispetto all'eventuale opposizione tra un desiderio culturalmente attestato di conservare le forme del passato e una spinta, anche questa culturalmente attestata, a sbarazzarsi del passato per aprire un percorso rivolto al futuro, e in effetti anche Ingold e Hallam annunciano come obiettivo di un'antropologia applicata alla creatività proprio quello di superare la distinzione tra innovazione e convenzione (2007, p. 2). Qui, in effetti, si può individuare il contributo realmente dirompente delle forme culturali *altre* che l'antropologia può e deve mettere in luce come queste meritano. Troppo spesso si è inteso vedere nelle culture altre una controparte facilmente individuabile rispetto ad aspettative e gerarchie di priorità "occidentali". È così, per esempio, che tuttora ci si aspetta talvolta che l'altro occupi la posizione del "tradizionalista" rispetto a un Occidente innovatore, oppure (più raramente) che possa al contrario porsi come innovatore rispetto a un Occidente troppo cristallizzato nelle sue certezze. In realtà, se c'è qualcosa di significativo nelle forme culturali altre, come quelle dei Kassena, questo risiede proprio nella loro capacità di rifuggire questi schematismi. I Kassena non sono né tradizionalisti né innovatori, nell'accezione più diffusa che questi due termini possono assumere, così come le case ricostruite dai Kassena non sono né autentiche né false: la cultura è emergente da un processo di creazione permanente. Sarebbe semmai l'eventuale conservazione rigida di una stanza musealizzata, cioè la sottrazione della costruzione stessa al flusso di vita (crescita, declino e rigenerazione) in cui essa è inserita, a costituire una minaccia reale alla sua autenticità.

3.8 Finzioni autentiche e ambivalenze

Giunti alla fine di questo capitolo sul rapporto tra schiavitù ed etnogenesi, siamo attrezzati per cogliere non più soltanto il carattere fittizio dell'autenticità, tema al quale gli antropologi sono molto sensibili, ma anche e soprattutto il suo inverso, cioè il carattere autentico delle finzioni. È questa in effetti l'ambivalenza che emerge in un dettaglio forse trascurabile, quale il caso della camera ricostruita e poi distrutta di cui si è parlato nel paragrafo precedente, così come su una questione di grande rilevanza e di drammatica significatività storica quale la progressiva costruzione di un'etichetta etnica che, come spesso accade, ha smesso presto di essere un'invenzione per diventare un dato reale, senza però mai fugare del tutto i dubbi sulla sua credibilità (i Gurunsi).

Un'ulteriore ambivalenza inscritta nella memoria della schiavitù è quella riscontrabile a Paga presso la roccia degli schiavi, luogo esemplare per una mnemotecnica del paesaggio (si veda anche il par. 4.1). Si è fatto cenno a un'iniziativa turistica intrapresa nel nordest del Ghana, a Paga, nell'ambito del Ghana Community Based Ecotourism Project. Nel chiefdom di Paga, questa iniziativa aveva coinvolto una serie di luoghi, tra i quali la residenza del capo supremo, due specchi d'acqua popolati da coccodrilli sacri e un luogo suggestivo e oscuro, a sua volta connesso alle razzie schiaviste: Pikworo, lo *Slave Camp*. Si tratta dell'accampamento degli schiavi, il luogo nel quale, secondo la memoria orale, gli schiavisti di passaggio da Paga si fermavano con i loro prigionieri.

Non sorprendentemente, l'esperienza locale della schiavitù viene valorizzata nella forma di un vero e proprio capitale morale di sofferenza che si può tradurre in capitale economico, o almeno così si spera. In questo contesto, allo scopo di illustrare il "noi" e valorizzarlo in chiave turistica, sembra inevitabile dichiarare innanzitutto che quel "noi" è intriso di schiavitù. L'autocomprensione stessa dei Kassena trova nelle razzie un dato dal quale non può prescindere, in quanto ha contribuito in maniera determinante a costituire l'attuale profilo dei Kassena. La schiavitù ha infatti permeato le relazioni con i vicini, sia con i razziatori sia con le altre prede, ha dato forma agli insediamenti e al modo stesso di abitare lo spazio (cioè ha inciso anche sulla cultura intesa come *habitus* incorporato), ha modellato le emozioni con cui si parla del passato e ha per di più dato vita all'invenzione etnica dei Gurunsi.

Pikworo è una distesa rocciosa. Secondo quanto si racconta comunemente a Paga, la caratteristica morfologica più notevole di questo luogo, con riferimento alle razzie, è il fatto che esso all'epoca potesse essere utilizzato per fare accomodare e riposare gli uomini anche e soprattutto durante la stagione della pioggia, quando il suo essere "roccia" faceva scivolare l'acqua nelle cavità, che venivano utilizzate come riserve per bere e lavarsi. Il resto della superficie rimaneva asciutto e dunque confortevole per chi volesse sdraiarsi e dormire, rispetto all'alternarsi di fango e specchi d'acqua effimeri che caratterizza il panorama circostante nella stagione della pioggia.

Lo *Slave Camp* ha un ruolo ambivalente nella memoria della schiavitù. A Paga, oggi, esso è ricordato come qualcosa di più di un semplice luogo di barbarie e sofferenza inflitta da esseri umani ad altri esseri umani. Pikworo sarebbe stato messo a disposizione degli schiavisti da parte delle autorità locali, nel quadro di un accordo, allo scopo di ottenere in cambio una relativa clemenza da parte degli aggressori. In un periodo non meglio precisato della sua storia, Paga avrebbe dunque scelto la via del compromesso politico, al di là di qualunque considerazione di ordine etico, per mettersi in salvo almeno temporaneamente. Così, sebbene Pikworo sia certamente il supporto di un ricordo tragico, sembra tuttavia, secondo questa lettura locale della storia, che gli eventi avrebbero potuto prendere una piega ben peggiore se questo luogo non ci fosse stato. Pikworo ricorda la feroce umiliazione subita dai Kassena e dagli altri Gurunsi, ma evoca anche la capacità diplomatica di Paga e la scaltrezza con cui i Gurunsi si difesero dai razziatori con risultati apprezzabili se considerati alla luce dei mezzi dispiegati.

Questa ambivalenza, peraltro, va a raccordarsi perfettamente con il carattere sacro del luogo. Esso è infatti caratterizzato da una doppia denominazione: se è noto ai visitatori come *Slave Camp* nella patrimonializzazione della memoria storica, esso possiede un nome proprio, Pikworo, in quanto *taŋwam*, cioè come divinità ambientale. Essendo un *taŋwam*, Pikworo è venerato e nel contempo temuto, con quella duplicità di attrazione e repulsione, di sublime e di terribile, di tutela e di minaccia che caratterizza il sacro. Parallelamente, se inteso come luogo della memoria, lo *Slave Camp* evoca simultaneamente l'immagine spaventosa delle razzie schiavistiche e quella di uno strumento di salvezza dalle stesse.

Indipendentemente dalla possibilità di ricostruire una verità a proposito della roccia degli schiavi su basi documentali affidabili, si può certamente attribuire a questo luogo la capacità di incarnare ed esprimere motivi culturali di grande significatività, in particolare l'ambivalenza che attiene sia alla dialettica tra sacro e profano sia al rapporto tra violenza schiavista ed etnogenesi, laddove le razzie sono a loro volta sia una minaccia all'esistenza dei Gurunsi sia il meccanismo che li ha costituiti.

La valorizzazione turistica dell'accampamento degli schiavi, così come la permanenza o la ricostruzione *ad hoc* delle fortezze di fango nel panorama del Kassoŋo, contribuiscono a riprodurre quotidianamente e continuamente la centralità della schiavitù nell'etnoantropologia dei Kassena. Accettato il principio secondo cui l'etnicità è sempre e comunque il risultato di un processo di costruzione e l'oggetto di una negoziazione o di un compromesso tra autorappresentazioni e rappresentazioni da parte di terzi, va poi colta la modalità attraverso la quale questa "finzione" trova fondamento diretto o indiretto in dinamiche storiche accertate. È per questa via che si dà luogo a una "finzione autentica".

4

UOMINI CHE DIVENTANO LUOGHI

4.1 Mnemotecniche dell'abitare

Le abitazioni, i monumenti e il paesaggio possono fungere da supporti di una parte della memoria collettiva. Da un certo punto di vista, essi hanno qualcosa in comune con i documenti scritti, con i quali ovviamente non possono competere nella capacità di veicolare con chiarezza informazioni precise e dettagliate, una funzione espletata in maniera straordinariamente più potente dal linguaggio verbale. Nel contempo, però, rispetto alla parola essi hanno una relazione differente e forse più intensa con ciò di cui evocano la memoria, perché ne sono testimonianza materiale diretta, una sorta di impronta, invece di limitarsi a una relazione stabilita per convenzione.

Le memorie fondative dei Kassena, di cui esamineremo altri esempi più avanti (cap. 5), oltre a quelli già visti in precedenza, illustrano il collegamento tra le varie dimensioni di un nome proprio, che spesso è riferito simultaneamente a un individuo (l'antenato), a un luogo (un villaggio o chiefdom) e a una collettività (gli abitanti di un villaggio o chiefdom). È quindi opportuno parlare di "uomini che diventano luoghi", allo scopo di sintetizzare il ciclo di sviluppo dell'abitare in contesto kassena. Si tratta di cogliere una sorta di carriera dell'insediamento, che parte dalla dimensione estremamente ridotta che assume inizialmente per diventare eventualmente un'intera sezione o un chiefdom. "Eventualmente", perché questo processo non è affatto predeterminato e dunque i suoi risultati possono solo essere apprezzati a posteriori, se effettivamente l'embrione di insediamento ha poi avuto una crescita durevole. Da questo punto di vista, è abbastanza evidente l'analogia con il caso degli Zafimaniry del Madagascar, reso noto dall'antropologo britannico Maurice Bloch, secondo il quale "una famiglia che ha successo [...] diventa un villaggio" (1993, p. 195). Bloch ha colto l'incertezza della condizione umana come tratto rilevante dell'esperienza di vita degli Zafimaniry, sottolineando che

> ogni gravidanza portata a buon fine, ogni bambino che diventa adulto, ogni adulto che produce prole, sono tutti il risultato di imprese di cui si oserebbe difficilmente aspettarsi il successo. Ma a volte accade. (Bloch, 1993, p. 195)

"Avere successo" significa rendere prolifico il matrimonio, vale a dire dare vita, a partire dalla propria abitazione, a una discendenza di abitazioni-figlie che dia "una manifestazione materiale di tale successo" (Bloch, 1993, p. 197). Alla stessa maniera, la singola abitazione dei Kassena, come quella degli Zafimaniry, può crescere e dare vita ad altre abitazioni, fino a diventare un villaggio o qualcosa di più, e per quanto sia difficile "aspettarsi il successo" (per usare le parole di Bloch), questo talvolta si verifica. Gli "uomini che diventano luoghi" sono un tratto permanente del paesaggio, o sono temporaneamente tali, assumendo una sorta di "immortalità provvisoria" (su questa nozione, vedi Allovio, 2015, pp. 121-156). Più precisamente, è proprio nella misura in cui sono diventati tratti permanenti del paesaggio e della società stessa (dando luogo alla costruzione delle abitazioni e alla vita sociale che vi scorre) che quegli uomini possono essere commemorati come antenati, e continueranno a esserlo fintantoché il villaggio da loro originato continuerà a esistere.

4.2 Letture sincroniche e letture diacroniche

Per esaminare il modello abitativo dei Kassena è auspicabile combinare un approccio sincronico con uno diacronico. Nella storia dell'antropologia, il rapporto tra queste due dimensioni della ricerca, quella sincronica e quella diacronica, ha determinato numerose prese di posizione, tensioni, rotture e ripensamenti. In questa sede non si vuole proporre una scelta tra i due come bandiera paradigmatica da sventolare, ma piuttosto si vuole cogliere una differenza di peso e di interesse relativamente a un caso specifico in cui effettivamente la dimensione diacronica sembra meritare una particolare attenzione sul piano della costruzione di senso e della sua interpretazione. Nel contempo, tale spunto può avere un significato anche più generale, in quanto può suggerire piste fruttuose per un'impostazione teorica di applicazione più vasta.

Possiamo quindi produrre un modello abitativo sincronico e un modello abitativo diacronico. Il primo, forse relativamente arido ma materialmente riscontrabile, ha principalmente la funzione di presentare le unità costitutive e di permettere al lettore di farsi un'immagine dell'insediamento. Il secondo, che al contrario del primo non è materialmente riscontrabile ma va piuttosto immaginato come una proiezione e ha in più una notevole significatività, sarà illustrato successivamente.

Da un'ipotetica fotografia scattata dall'alto, la savana abitata dai Kassena si mostrerebbe abitata in maniera apparentemente disordinata e irregolare, con una marcata compenetrazione di spazi antropizzati e spazi non antropizzati. Sarebbe dunque difficile l'identificazione di "centri", almeno se si operasse la ricerca visiva sulla base del diffuso immaginario che vede nel villaggio un'entità compatta circondata dalla natura selvaggia, cioè come uno spazio fortemente e univocamente antropizzato in quanto densamente abitato da persone che vivono in stretta prossimità le une alle altre e che traggono da questo modello relazioni di spiccata intimità. Da un satellite non vedremmo questo, ma un territorio nel quale faremmo fatica a individuare i "villaggi". Non tanto sulla base degli innegabili privilegi della vista dal satellite, quanto grazie a un'approfondita conoscenza costruita sul campo, saremmo tuttavia in grado di comprendere che il Kassoŋo è suddivisibile progressivamente in unità sempre più piccole: innanzitutto i chiefdom, ciascuno dei quali si compone di sezioni o villaggi, i *nawuura*, che consistono a loro volta in un numero variabile di compound, i *sam* kassena (singolare: *soŋo*), ciascuno dei quali si compone a sua volta di unità modulari minime, le camere, *di* (singolare: *diga*). Tra il singolo compound e la sezione cui esso appartiene ci sono talvolta delle entità intermedie, dei "grappoli" di compound, insediamenti molto vicini tra loro in quanto legati da un rapporto genealogico molto stretto, come si illustrerà più avanti.

La lettura di queste relazioni "scritte nello spazio" non è tuttavia agevole. Come si è già accennato, infatti, non c'è modo di identificare il confine tra un *nawuuri* e un altro senza fare ricorso alla conoscenza diretta del luogo da parte di un residente, in quanto nessun aspetto qualitativo o quantitativo permette di distinguere lo spazio che separa due compound della stessa sezione dallo spazio che separa due compound appartenenti a due sezioni differenti (par. 3.4). Questo significa inoltre che non è agevole neanche leggere nello spazio le relazioni di parentela e discendenza, che a loro volta sono inscritte nella composizione delle sezioni. In sintesi, per identificare i confini bisogna conoscere non solo i compound, ma anche le persone che vi abitano e le relazioni che le legano.

La grammatica dello spazio kassena non è generalizzabile in una struttura di segni convenzionali, ma è del tutto fusa insieme alla rete delle relazioni sociali, a partire da discendenza e parentela, e dunque può essere conosciuta solo in termini minuti e particolaristici. Un'etnografia da vicino, fondata su una presenza lenta, prolungata e accorta, è dunque l'unico mezzo per avere accesso a questa grammatica dello spazio. Sebbene, come si è visto nel caso delle razzie schiavistiche, un più ampio sistema regionale di relazioni abbia fortemente contribuito a dare forma al modello di costruzione delle abitazioni, che in passato ha avuto tra gli altri obiettivi anche quello di rafforzare la difesa dagli attacchi degli schiavisti, è quasi superfluo dover ricordare che la dimensione più profonda, dettagliata e partecipata del senso dell'abitare può essere compresa solo attraverso una conoscenza intima da ottenere localmente.

Questo spunto richiama una questione rilevante più in generale per l'antropologia culturale e per il suo metodo di ricerca. Negli ultimi decenni si è riflettuto molto non solo sull'impatto delle tecnologie di comunicazione e dell'enorme aumento della velocità dei trasporti, ma anche su alcune tendenze di scrittura dell'antropologia classica, che in qualche misura avevano rafforzato l'immagine di una vita umana sul pianeta divisa in mondi separati, autonomi, incapaci di comunicare tra loro e slegati gli uni dagli altri. Su questa base, l'antropologia culturale più recente ha sottolineato con forza la dimensione globale dei fenomeni culturali, insistendo con una vasta letteratura su una marcata presa di distanza da un approccio etnografico "chiuso" nei villaggi, intesi come entità isolate dal mondo. Tuttavia, al di là di qualche interpretazione del metodo etnografico forse un po' forzata e/o superficiale, fare etnografia in un villaggio non significa necessariamente farla in maniera "chiusa" né immaginare il villaggio come entità isolata, e d'altra parte è difficile immaginare di scrivere qualcosa di adeguato sulla vita sociale degli esseri umani (e degli stessi non umani, per la verità) senza appoggiarsi alla solida e assidua frequentazione che il metodo etnografico prescrive. In altre parole, indugiare fino ad avere (o dare) la sensazione di stare perdendo tempo e intrattenersi con gli abitanti di un luogo, persino in maniera apparentemente infruttuosa, come si è già accennato (vedi par. 1.3), sono modalità di relazione con le persone e con i loro ambienti che senza dubbio alcuno devono continuare ad appartenere alle attitudini degli antropologi. Gli antropologi hanno bisogno di tempo, di relazioni intense e prolungate, di frequentazione assidua di luoghi.

4.3 Superare il modello statico

Proseguiamo dunque con la cartografia dell'abitare kassena illustrando il modello abitativo sul piano sincronico. In realtà, come vedremo, la dimensione sincronica ne permette soltanto una descrizione monca. Come si è accennato, il *nawuuri* è costituito da una serie di compound sparsi che dichiarano di farne parte, reiterando la loro fedeltà al compound principale, quello nel quale risiede l'anziano del *nawuuri* o in alcuni casi il capo villaggio. In un modello estremamente semplificato, il *nawuuri* occupa un territorio nel quale vivono persone appartenenti allo stesso lignaggio. Più precisamente, il territorio del *nawuuri* si compone dei territori appartenenti ai compound che dichiarano di farne parte, compound i cui abitanti sono membri dello stesso gruppo di discendenza, ed è per questa ragione che il *nawuuri* in linea di principio funge da unità esogamica. Per la verità, la coincidenza tra territorio e discendenza comune vale solo in termini tendenziali, in un modello semplificato che appartiene al genere dei modelli rappresentazionali, quelli cioè che vengono assunti acriticamente da parte degli attori sociali come valida sintesi della realtà.

L'unità abitativa dei Kassena è dunque il *soŋo*, il compound nel quale vivono i *soŋo tiina* ("le persone" o "la gente" del *soŋo*). Il leader domestico, il *soŋo tu*,[1] vi abita insieme alla moglie (o alle mogli) e ai figli ed, eventualmente, alle mogli e ai figli di questi, talvolta con i propri fratelli, le mogli e i figli di questi ecc. La struttura del *soŋo* è abbastanza semplice e costante, ma agli aspetti qualitativi relativamente stabili, in termini di forma architettonica e unità essenziali, fa da contraltare una grande variabilità sul piano quantitativo, tanto che la popolazione di un *soŋo* può variare da un solo abitante (un caso residuale ma tuttavia possibile) a oltre un centinaio.

Il *soŋo* non è del tutto legato alle dinamiche del patrilignaggio e all'estensione della rete di relazioni dovuta al matrimonio. Talvolta l'abitazione ospita anche alcuni *zuraa* (singolare: *zuru*), cioè soggetti estranei al patrilignaggio. Il termine *zuru*, che copre parzialmente l'area semantica di "estraneo" o "straniero" e quella di "povero", può essere usato per definire chiunque abbia tranciato la sua relazione con il *soŋo* di appartenenza e si sia ricollocato altrove. Fanno parte della categoria *zuraa*, accanto a individui privi di legami parentali con i *soŋo tiina*, anche i figli delle sorelle di Ego eventualmente tornate al *soŋo* paterno, o i figli di zii materni di Ego. Uno *zuru*

1. Il vocabolo *tu*, accostato come suffisso a qualunque oggetto, luogo o gruppo, indica sempre "colui il quale possiede" o "si prende cura di". Al plurale, *tiina*, può anche indicare più semplicemente una comunità definita da un luogo, come appunto i *soŋo tiina*, le "persone che vivono nella stessa casa".

non può prendere moglie all'interno del *soŋo* che lo ospita, a meno che non decida di lasciare l'insediamento per fondarne uno proprio, esattamente come avviene nel mito di fondazione di Paga (vedi cap. 2).

La definizione del gruppo familiare assume una marcata dimensione spaziale. Il *soŋo* ha forma vagamente circolare, definita dal perimetro esterno che le singole camere congiuntamente descrivono. Ogni *diga* ("camera"), di forma quadrangolare o circolare, ospita un uomo, sua moglie e i figli. In situazioni poliginiche, peraltro non frequentissime per ragioni principalmente economiche, invece, ciascuna delle mogli ha una *diga* per sé e i propri figli, mentre l'uomo trascorre la notte a rotazione nelle varie camere. Questo gruppo, quello della camera, occupa uno spazio concettuale molto importante. L'insieme di persone della stessa *diga* costituisce infatti il gruppo dei *diga tiina* ("la gente della camera"), unità familiare esplicitamente rivendicata come particolarmente significativa e irriducibile, i cui membri hanno tra loro legami particolarmente forti. Il concetto di famiglia prende quindi la forma di una collettività la cui definizione è basata sullo spazio in cui vive: la famiglia è innanzitutto quella costituita dalle persone che vivono nella stessa *diga*. All'interno del *soŋo*, l'entrata di ciascuna stanza si affaccia sulla corte interna (*kunkolo*), nella quale si svolge la maggior parte delle attività domestiche, compresa la preparazione e la consumazione dei pasti. Il *naboo*, una porzione dello spazio interno separata dal resto con un recinto, ospita animali ed è anche utilizzato talvolta come spazio di sepoltura (così come il *kunkolo*).

La "fotografia" del modello abitativo non può andare molto più in là di quanto appena accennato. Ulteriori approfondimenti rendono necessario quanto meno un riferimento alla dimensione processuale, cioè allo scorrere del tempo e al progressivo costituirsi o disfarsi delle sezioni genealogico-territoriali. In altre parole, mentre si descrive il modello statico, si è già pressoché costretti a superarlo. Si pensi, per esempio, al caso del *sokwio*, vale a dire il compound principale di una sezione. Questo termine nasce giustapponendo *so* e *kwo*, cioè accostando all'idea di abitazione, *soŋo*, quella di anteriorità anagrafica, *kwo* (padre), e dunque significa letteralmente "casa (più) anziana". Esso è considerato "la prima casa" del *nawuuri* ed è occupata dall'anziano leader del villaggio, il *nakwe tu*. Il fatto che il *sokwio* sia la prima casa (alla stregua della casa della coppia originaria degli Zafimaniry) comporta già una prospettiva processuale, costringe già a immaginare un'entità sociale in movimento. Il *nabaaro*, l'antenato fondatore del *nawuuri*, è sepolto presso il *sokwio*, che si assume egli abbia costruito personalmente. L'altare circolare posto vicino all'ingresso principale del compound è chiamato invece *nabaari*. L'anziano della sezione si rivolge all'altare dell'antenato per esprimere e gestire i problemi della comunità, offrendogli libagioni, carne, tabacco, noci di cola.

Idealmente, si assume che l'antenato sia sepolto nel *sokwio*. Questo elemento va considerato attendibile anche se talvolta fittizio, nel senso che il *sokwio* è soggetto a mobilità e ricostruzione, in un modello spiccatamente plastico sia dal punto di vista materiale sia da quello concettuale: da un lato anche i luoghi più significativi, quali le divinità ambientali e le "prime case", vengono plasmati, modificati, restaurati o talvolta abbandonati e ricostruiti altrove; dall'altro, la cultura kassena mantiene una totale apertura nei confronti di questa mobilità e lascia che si manifesti. Così, non solo il *sokwio* può non essere davvero la "casa più anziana", ma anche l'altare degli antenati è mobile e dunque, nonostante la sua pretesa "ancestralità", può essere anche relativamente recente o molto recente, tema sul quale d'altra parte non si fa mistero alcuno.

Il lettore avrà notato che ci siamo già spostati al di là della linea discriminante tra un modello sincronico e una prospettiva diacronica. In effetti, nel vocabolario kassena dello spazio abitativo sono facilmente rintracciabili elementi che rinviano ai concetti di direzione e di origine o allo scorrere del tempo più che a spazi delimitati e stabili, e questo avviene anche a costo di una sostanziale ambiguità, come si può riscontrare a proposito dei termini *sokwio*, *soyuu*, *sodoŋo* e *didoŋo*. Per esempio, con il termine *sokwio* ci si può riferire anche a qualcosa di molto più prossimo, rispetto alle "origini della sezione": la casa dalla quale un individuo afferma di provenire, la casa del "padre" o forse di un antenato, con lo stesso approccio indeterminato con cui talvolta si parla di "padri", senza specificare in alcun modo la distanza genealogica (e di conseguenza senza fornire neanche parametri di tipo cronologico).

Il concetto di *soyuu* costituisce uno strumento più chiaro per fare riferimento alla casa del padre. Assumiamo che Ego abbia due fratelli. Ciascuno dei tre ha fondato autonomamente un proprio *soŋo*. Ego potrà trovare un termine per esprimere l'unità con i fratelli parlando di *soyuu tiina*, che si può tradurre come "persone che provengono dalla stessa casa paterna". *Soyuu* fornisce quindi un riferimento univoco all'abitazione nella quale effettivamente Ego è nato e cresciuto, la casa del padre. Esistono inoltre due ulteriori vocaboli, *didoŋo* e *sodoŋo*. Entrambi esprimono l'idea di una direzione spaziale che è anche un ordine temporale, un'origine, e dunque si sovrappongono agli altri termini, ma *sodoŋo* può essere usato con una connotazione specifica, quella di un'abitazione abbandonata o diroccata.

Questa ricchezza lessicale nasce dal processo segmentario e non si lascia inquadrare nella definizione cartografica degli spazi abitati, in quanto i compound cambiano status con il passare del tempo, e lo stesso vale per le stanze di cui essi si compongono. Usando a rigore la terminologia, in origine, in un ipotetico istante "t con zero", si deve supporre innanzitutto una coincidenza logica tra *diga*, *soŋo* e *nawuuri*, cioè tra una singola camera, un compound e una sezione (si tratta ovviamente di un'opzione logica estrema). I *soyuu tiina* proverrebbero tutti dallo stesso *sokwio* che sarebbe ovviamente anche un *sodoŋo* (ma non ancora un *didoŋo*). Successivamente, la crescita dell'insediamento produrrebbe una differenziazione tra spazi abitativi più o meno prossimi strutturalmente e geograficamente.

L'uso di questi vocaboli non designa degli oggetti (case) in maniera stabile, ma delle direzioni; se si preferisce, si può concludere che tali espressioni andrebbero comprese in termini "ordinali" piuttosto che "cardinali". Questo lessico rende evidente come l'abitare kassena stesso esprima un'enfasi sulle direzioni, un interesse per la processualità che passa attraverso l'iscrizione del tempo nello spazio e che si manifesta in questa sovrabbondanza di termini riferiti a un concetto apparentemente banale come "casa di provenienza". Un modello statico coglierebbe insomma solo una parte dell'abitare kassena. Certamente non si può fare a meno di attribuire alla cultura kassena una concettualizzazione necessariamente dinamica del rapporto con l'abitare. È per questa ragione che si ritiene opportuno, nelle pagine che seguono, procedere sulla linea dettata dai significati locali, facendo riferimento all'ontogenesi, alla crescita, alla decrescita, alla morte e alla rinascita di insediamenti e sezioni lignatiche.

4.4 Case e ontogenesi dei lignaggi

In un noto saggio sulla teoria del lignaggio, l'antropologo Adam Kuper (1982) sottopone a critica la presentazione del modello segmentario che Evans-Pritchard fece a proposito dei Nuer e ne mette in discussione la pertinenza rispetto ai Nuer stessi. In particolare, a sostegno delle sue significative argomentazioni, Kuper fa riferimento alle parole dello stesso Evans-Pritchard, da cui traspare che i Nuer non avevano in realtà alcuna familiarità con la nozione di lignaggio (comunque la si volesse tradurre) e che tendevano a pensare e parlare in termini di divisioni locali e di relazioni tra queste, cioè in termini spiccatamente spaziali, invece che attraverso l'uso di un vocabolario della discendenza (Kuper, 1982, pp. 82-84).

Entrare nel merito della questione generale posta da Kuper esula dagli scopi di questo lavoro, mentre un aspetto più specifico del suo saggio del 1982 è qui assolutamente pertinente. Kuper segnala che i Nuer non distinguono i "lignaggi" dai "gruppi locali" (Kuper, 1982, p. 84), o comunque che non erano in grado di farlo all'epoca in cui Evans-Pritchard era sul campo. Questo non è in realtà così sorprendente. Più precisamente, non c'è necessariamente contraddizione tra l'assenza di una chiara demarcazione tra lignaggio e gruppo locale, da un lato, e l'applicazione di una logica segmentaria, dall'altro.

Quest'ultima, infatti, può essere applicata anche e soprattutto alle divisioni spaziali e alle relazioni tra spazi in quanto abitati da gruppi (o, viceversa, tra gruppi collocati in certi spazi), indipendentemente dalla presenza di un vocabolario del lignaggio e della discendenza. In altre parole, più del "materiale" a cui si applica la logica segmentaria, è significativo il fatto stesso che questa sia applicata.

La logica segmentaria può essere apprezzata nella sua dimensione di processualità generativa. La stessa critica a Evans-Pritchard da parte di Audrey Richards, riportata da Kuper (1982, p. 81), può suggerire qualche riflessione su un aspetto significativo del modello abitativo kassena. Sulla base della sua esperienza di campo africana, Audrey Richards sottolinea che non c'è niente di più notevole dell'assenza di permanenza dei "segmenti" o "lignaggi". Sebbene questa affermazione sembri radicalmente in contrasto con la logica segmentaria in generale e con la sua applicazione presso i Kassena, in realtà essa fornisce spunti ulteriori di comprensione. La validità del modello segmentario può essere mantenuta sottolineando che ciò che il modello lascia trasparire non è la perfetta definizione di precise entità sociali e la riproduzione perfetta e infallibile di queste. Il modello non va riferito a oggetti, ma a una processualità generativa che compone, decompone e ricompone collettività collegate tra loro da un principio gerarchico. La ragione per cui in questa sede si è deciso di definire il *nawuuri* come sezione genealogico-territoriale è esattamente questa: la suddivisione della collettività in *nawuura* e in sottodivisioni parla simultaneamente di territorio e di discendenza, cioè di spazio e di tempo, ma non lo fa in maniera perfettamente prevedibile né mantenendo necessariamente inalterati i gruppi e i territori. Scissioni, migrazioni e nuove fondazioni, oltre a essere istituzionalizzate nei racconti eziologici, sono parte integrante delle dinamiche sociali che si dipanano nel tempo.

Per comprendere le relazioni tra compound posti a differenti livelli di gerarchia genealogica e immaginare tali relazioni nello spazio è quindi necessario adottare un approccio diacronico. Questo non significa necessariamente fare un lavoro di tipo storiografico, che non sempre è realizzabile, ma sicuramente implica che si prenda in considerazione la variabile temporale in termini di processi di sviluppo o di vita. Si tratta di un problema che ha caratterizzato la storia stessa dell'antropologia, in quanto coloro i quali hanno affrontato in maniera più corposa i processi segmentari e hanno legato più strettamente il nome della loro scuola al modello segmentario, vale a dire i funzionalisti strutturali o struttural-funzionalisti, sono stati successivamente stigmatizzati come nemici della storia o quanto meno come sostenitori di un approccio statico al mondo sociale. Come ha affermato Ted Lewellen, tuttavia, essi non hanno mai descritto le società che studiavano come immutabili. Piuttosto, le loro etnografie offrivano un'immagine simile a quella di una fotografia, che "cattura un istante senza negare il processo temporale" (1983, p. 117-118).

Questa lettura della tradizione struttural-funzionalista si è tradotta in una sottovalutazione della natura necessariamente processuale del modello segmentario. Quelli individuati dal modello segmentario sono infatti processi dinamici. Le unità sociali del modello segmentario non sono congelate né immobili, ma immerse in un processo interattivo. Le dinamiche segmentarie hanno inoltre una caratteristica molto significativa: esse non si limitano a illustrare il modo in cui "oggetti" definiti e delimitati (come i lignaggi) entrano in relazione con altri oggetti analoghi o con entità differenti, ma arrivano a mostrare i processi di costituzione di tali "oggetti". Non si tratta dunque di comprendere e descrivere le relazioni *tra* relati, come se queste li riguardassero esternamente, vale a dire, su un piano logico e cronologico, successivamente al compimento della loro formazione, ma di vedere come le relazioni *costituiscono* i relati. Questi ultimi, per esempio i "lignaggi", non sono preesistenti alle relazioni in cui sono coinvolti, ma emergono dalle dinamiche segmentarie, che sono interattive e ontogenetiche, nel senso che creano le entità sociali cui sono applicate.

Questa riflessione riporta a un'altra questione significativa nella storia dell'antropologia, vale a dire l'ascesa e il declino della cosiddetta metafora organica, cara al funzionalismo britannico, che l'aveva ereditata dall'approccio durkheimiano. A ben vedere, come ha ricordato giustamente Ingold (2008), la proposta dei funzionalisti, e in particolare di Radcliffe-Brown, non riguardava un'omologia tra entità sociali ed entità naturali. Le parole di quest'ultimo erano in realtà molto chiare, laddove questi affermava che "la realtà concreta a cui l'antropologo si interessa non è un'entità di alcun tipo, ma un processo, il processo della vita sociale" (1952, p. 4, traduzione nostra). È a questo proposito che Ingold sottolinea che l'analogia "non era tra società e organismo come entità, ma tra vita sociale e vita organica intese come processi" (Ingold, 2008, p. 77, traduzione nostra). Non si trattava di un'omologia "essenziale", che oggi sarebbe del tutto invisa e inaccettabile per la maggior parte degli antropologi, molti dei quali tendono a massimizzare la distanza e rinforzare la separazione rispetto alle scienze naturali, per tutelarsi da qualunque "contaminazione". L'omologia riguardava invece una processualità intrinseca sia ai fenomeni organici sia a quelli sociali. Lungi dal definire delle entità in termini essenziali, il funzionalismo usava la metafora organica per infiltrare la processualità in seno alla costituzione stessa del sociale, con una mossa tanto ardita quanto poco presa in considerazione nelle letture e nelle critiche dell'antropologia classica sviluppatesi nella seconda metà del Novecento e oltre. Questo tipo di sguardo si rivela utile per pensare le dinamiche dell'abitare e l'ontogenesi delle sezioni genealogico-territoriali presso i Kassena.

4.5 Il ciclo di sviluppo della casa kassena

La vita collettiva in contesto kassena affronta nel tempo una serie di processi segmentari, che per quanto riguarda le abitazioni si traduce in un "ciclo di sviluppo" o, per ricordare un'espressione utilizzata da Maurice Bloch a proposito delle sue ricerche in Madagascar, in un "processo di maturazione" (Bloch, 1998, p. 33). Tenuto conto che un obiettivo potenziale per la realizzazione individuale consiste nell'ottenere la leadership del *soŋo*, il primogenito del *soŋo tu* (cioè del leader domestico) ha di fronte a sé due alternative: attendere il proprio momento per diventare a sua volta *soŋo tu*, oppure lasciare il compound paterno e fondarne uno proprio. La seconda alternativa passa comunque attraverso l'approvazione degli anziani e delle entità che agiscono in qualità di supervisori: i "padri", vale a dire i defunti recenti, quelli legati alla "memoria comunicativa" (Assmann, 1992, p. 25), gli antenati e i *taŋwana*. Più in generale, molti e differenti possono essere i fattori che portano a processi di fissione e alla conseguente dispersione dei compound. Howell elenca i seguenti: morte del *soŋo tu*; sovraffollamento del *soŋo*; accuse di stregoneria contro una persona; danni dovuti alla pioggia; un grande numero di decessi in breve periodo nel *soŋo* (Howell, 1997, p. 74)

I fattori citati da Howell come motivi che possono spingere un individuo a lasciare l'insediamento e a fondarne uno nuovo, tutti legati a circostanze spiacevoli, fanno pensare che il *soŋo* sia qualcosa di più di un edificio. Esso è a suo modo vivo, in quanto è partecipe di flussi vitali e alterne vicende che toccano i suoi abitanti insieme allo spazio coltivato che circonda il *soŋo*. È la condizione generale aggregata di un intero insieme di elementi a incanalare le fortune e le sfortune dei singoli. Un *soŋo* non è solo un contenitore neutro, una costruzione al cui riparo ci si colloca, ma un ambiente denso di vita e di relazione, dotato di una prospettiva di crescita ed eventualmente decrescita nonché, in ultima analisi, anche di morte.

In effetti, la perdita di vitalità di un *soŋo*, dovuta alla fuoriuscita di uno o più dei suoi membri in un momento di fissione, che a sua volta può derivare da circostanze problematiche o di morte, è simultaneamente un momento di nascita, in quanto dà vita a un nuovo *soŋo*. Il momento della nascita di un insediamento è quello in cui più chiaramente si misura la distanza tra l'immaginazione cartografica che ci ha portato a mappare la struttura del territorio kassena, partendo dal chiefdom per passare al *nawuuri* e arrivare infine al *soŋo*, da un lato, e un'illustrazione di tipo mobile, in termini processuali o meglio ancora generativi, che permette una comprensione decisamente più adeguata.

Prendiamo il caso di un uomo che stia per lasciare il *soŋo* paterno dopo aver costruito la propria nuova abitazione. Egli è solo o più probabilmente è accompagnato dalla moglie e da uno o più bambini. Molto probabilmente il nuovo *soŋo* consiste semplicemente in una *diga*, e solo successivamente si arricchirà con la costruzione di nuove camere. Sarà la relativa fortuna della sua prole nella vita a far crescere l'insediamento, facendo sorgere nuove camere che andranno a disporsi l'una accanto all'altra, descrivendo una forma di tipo circolare che arriverà prima o poi a comporre un perimetro chiuso, sancendo il "successo" del fondatore, più o meno quello di cui parlava Bloch a proposito degli Zafimaniry. Questo, tuttavia, accadrà solo col tempo.

Il fondatore del nuovo *soŋo* mantiene, almeno all'inizio, le sue relazioni con il *soŋo* paterno, nelle vicinanze del quale viene peraltro generalmente (ma non necessariamente) costruito. Per esempio, egli partecipa alle operazioni rituali legate all'altare dei "padri" (da non confondere con l'altare degli antenati) che è posto di fronte all'ingresso dell'abitazione di provenienza. Verosimilmente, infatti, il nuovo *soŋo* istituirà un proprio altare dei padri solo più avanti, secondo una procedura che peraltro non è fissa ma relativa alla crescita dell'insediamento stesso. Questo significa che in una prima fase gli abitanti del nuovo *soŋo* si autopercepiscono e sono percepiti ancora come membri del vecchio, salvo circostanze particolarmente conflittuali. Il mito di fondazione di Paga, per esempio, include una circostanza paradigmatica in proposito: come si ricorderà, a seguito del sacrificio del cane da parte dei suoi parenti, l'eroe fondatore, Naveh, decide di lasciare il *soŋo* paterno, e dunque dà vita al suo nuovo insediamento sulla base di una rottura inequivocabile. Lasciando la dimensione del mito per entrare in quella della vita quotidiana, invece, la presa di distanza e la relativa autonomia saranno possibili col passare del tempo, via via che il *soŋo* crescerà socialmente in tutte le sue possibili manifestazioni, dalla produzione alle attività rituali.

Nel percorso di crescita di un *soŋo* va contemplata ovviamente anche la possibilità che esso dia vita ad altri *sam* replicando il solito processo di fissione. Questo aspetto è molto importante poiché qualunque *soŋo*, in prospettiva, può diventare il punto di riferimento di una serie di *sam* a cui ha dato origine, a patto che esso riesca a mantenere i legami e il controllo su questi. Punto di riferimento, in questo caso, può significare *sokwio*, vale a dire compound principale di un *nawuuri*. In sostanza, il compound B, che è sorto dal compound A, può dare vita a una serie di compound, C, D, E, F, che a loro volta daranno vita a una serie ulteriore di compound. Ora, perché B sia il vertice di un segmento lignatico non basta che esso abbia dato origine a numerosi compound, ma è necessario inoltre che si sia sganciato da A. Non c'è infatti alcuna differenza, in linea di principio, tra la relazione che lega A e B e la relazione che lega B e C. I compound più giovani potrebbero accontentarsi di individuare il loro punto di origine e di aggregazione rituale in B quanto risalire indietro fino ad A, ed è solo l'eventuale sopraggiunta autonomia rituale di B a "fermare" questa operazione cognitiva di recupero dell'origine. Se B è autonomo, è lì che C, D, e gli altri si ritroveranno per il culto degli antenati, mentre si continuerà a conservare il ricordo dei passaggi precedenti, cioè della provenienza di B (e dei suoi discendenti) da A, nella modalità gerarchizzata della memoria che è stata illustrata in precedenza (capp. 1 e 2).

Nel corso della sua crescita, il *soŋo* può assurgere dunque al prestigioso ruolo di "genitore" o "antenato" di un numero ampio e variabile di compound "figli" o "discendenti". Esso può cioè diventare il punto di origine di una sezione genealogico-territoriale. A questo proposito, è il caso di sottolineare la rilevanza di questo "diventare", che induce a fare qualche riflessione su una dimensione processuale le cui implicazioni possono apparire paradossali o controintuitive ma in realtà non lo sono affatto. Un insediamento non può essere "punto di origine" sin dalla sua nascita, ma può solo diventarlo, eventualmente.

Questo processo di invecchiamento e di crescita, che passa necessariamente attraverso una certa maturazione "politico-diplomatica" delle relazioni, cioè attraverso la cura dei rapporti con insediamenti più giovani e la simultanea conquista dell'autonomia rispetto al proprio insediamento originario, viene sancito dall'apparizione dell'altare degli antenati, il *nabaari*.

Lungi dall'essere una testimonianza del passato sorta con il *sokwio*, l'altare degli antenati compare quando quello che originariamente era un *soŋo* qualsiasi è diventato un insediamento delle origini per qualcuno, cioè un *sokwio*, e dunque costruisce a posteriori l'impronta di anzianità che deriva dall'ospitare l'antenato, il *nabaaro*. In altre parole, l'altare funge da marcatore inserito *a posteriori* per affermare una condizione che si presenta per definizione in quanto tale *a priori*. Tuttavia, si tratta di una situazione palesemente e necessariamente fittizia, nel senso genuino di finzione come costruzione. È solo successivamente a un processo di costruzione e di sviluppo che un insediamento può essere considerato punto di origine di altri insediamenti, nella misura in cui gli insediamenti discendenti lo riconoscono come insediamento antenato.

In questo percorso di sviluppo, l'insediamento sarà accompagnato da un'altra costruzione in crescita, il *puru*. Si tratta del luogo, posto di fronte all'ingresso dell'abitazione, presso il quale quotidianamente vengono ammassati i rifiuti, principalmente la terra e la polvere raccolte nel corso delle operazioni di pulizia del mattino. Come illustrato altrove (Mangiameli, 2010), il *puru* è tanto più grande e cresce tanto più velocemente quanto più crescono le dimensioni e la popolazione dell'insediamento di fronte al quale si trova, in quanto una superficie più grande e una maggiore circolazione di persone producono una maggiore quantità di scarti e detriti vari. Inoltre, in occasione di ogni nuova nascita, la placenta viene posta in un'anfora che viene poi interrata nel *puru*. Anche la placenta dei nati in insediamenti più giovani ma privi di autonomia rituale viene posta nel *puru* del *soŋo* di riferimento, come a rafforzare l'idea, già accennata, che i suoi abitanti abbiano ancora "la loro casa" (come viene sottolineato oralmente) nell'insediamento di origine. Anche questo elemento, l'interramento delle anfore con la placenta, fa sì che la crescita del *puru* sia automaticamente collegata alla crescita demografica dell'insediamento, cioè al propagarsi della semenza lignatica, il *dwi*. Dunque il *puru*, evidentemente, si aggiunge agli strumenti che forniscono una testimonianza del passare del tempo, ma lo fa in maniera profondamente differente dall'altare *nabaari*. Quest'ultimo è un segno convenzionale che viene apposto volontariamente nell'ambiente costruito e in un momento preciso, allo scopo di certificare che un insediamento ha raggiunto lo status di luogo delle origini. Anche il *puru* deve la propria esistenza innanzitutto all'azione umana, ma in maniera del tutto diversa. Esso infatti non viene costruito in un certo momento ma deriva materialmente dallo scorrere del tempo, o, meglio ancora, è il precipitato di un percorso di lungo periodo. Il *puru* è tempo condensato.

Indipendentemente da queste differenze, l'accoppiata *puru-nabaari* costituisce una scrittura nello spazio, una scrittura culturalmente densa che parla di anteriorità genealogica e crescita demografica, e lo fa a partire da un punto di origine marcato nel panorama che attira a sé l'attenzione di coloro i quali ne sono derivati. Con tutta evidenza, un *puru* particolarmente alto costituisce una sorta di strumento di validazione e legittimazione di un eventuale altare *nabaari* presente nelle vicinanze, in quanto il primo risulterebbe materialmente dallo scorrere del tempo che il secondo invece dichiara convenzionalmente.

4.6 La decrescita del compound

Ai fini di una comprensione adeguata dei cicli di sviluppo delle abitazioni kassena, è necessario prendere in considerazione non solo la crescita ma anche la decrescita o i processi involutivi che possono caratterizzare un insediamento. A questo punto, pertanto, è opportuno soffermarsi sulla materialità del *soŋo* e delle sue componenti, esplicitando, qualora non fosse sufficientemente chiaro, che il nesso tra insediamento, processi di vita e memoria delle origini riguarda il compound lignatico "tradizionale", abitato prevalentemente da agricoltori, e non le abitazioni singole di costruzione recente, che generalmente ospitano soltanto un numero ridotto di persone. Questo non significa certo escludere quest'ultimo modello abitativo dal campo degli oggetti degni di una trattazione antropologica, ma semplicemente ricordare che è nel primo modello, quello dell'insediamento lignatico, che si possono riscontrare con tutta evidenza gli aspetti più significativi del processo di crescita-descrescita e della costruzione della memoria collettiva delle origini.

Accertata la robustezza del compound kassena, che si è guadagnato la fama di "fortezza di fango", ciò che ci interessa sottolineare adesso, al contrario, di questa costruzione è la deperibilità. I lavori di costruzione di ogni *diga*, la camera, vengono usualmente eseguiti dai diretti interessati, cioè da coloro i quali vi abiteranno, magari con l'aiuto di qualche congiunto o amico particolarmente competente o vincolato da doveri di reciprocità. La ripartizione dei compiti, secondo prescrizioni generali, prevede che siano gli uomini a costruire la struttura e le donne a curare la rifinitura, cioè a intonacare ed eventualmente a decorare le pareti, anche se ho assistito personalmente a sessioni di lavoro in cui donne, uomini, bambini e bambine collaboravano allo svolgimento delle medesime mansioni.

Le camere del compound sono facilmente deperibili, tanto che è necessario rinnovare periodicamente (e abbastanza frequentemente) il lavoro di intonacatura, pena il progressivo decadimento della camera stessa, a una velocità molto più marcata rispetto al processo di "declino" cui può essere destinato per esempio l'aspetto esterno di un qualsiasi edificio in muratura in una qualunque città italiana. Così, alla cura dei rapporti personali che caratterizza la vita domestica si può e si deve accompagnare una cura dell'abitazione stessa, che non riguarda solo la pulizia, l'ordine e la gestione della stessa, ma anche la manutenzione della camera in quanto costruzione deperibile. Questo lavoro di manutenzione non è appannaggio di esperti professionisti ma è assegnato prevalentemente alle stesse donne che vi abitano e alla loro rete di relazioni, e quindi è incastonato negli stessi rapporti sociali che animano la vita collettiva.

Non è difficile individuare una stanza o addirittura un intero compound che stia perdendo vitalità. È infatti assai probabile che una stanza temporaneamente disabitata sia lasciata priva di manutenzione e dunque che dopo pochi anni di incuria appaia chiaramente in via di deperimento agli occhi di un qualsiasi passante, mentre altre parti dello stesso compound possono mostrarsi fresche e impeccabili. Inteso come collettivo in movimento, o se si preferisce (in barba alle alterne vicende delle mode intellettuali che attualmente sconsigliano il ricorso a questa immagine) come un organismo, il compound ha alcune componenti maggiormente vitali e altre meno. Esso vive della compresenza e dell'alternanza tra tendenze opposte e variabili, che fanno sì che negli anni l'aspetto esteriore delle singole camere possa avere un andamento sinusoidale.

Più che la volontà esplicita dei singoli o una eventuale propensione culturale dei Kassena o dell'antropologo, sembra essere la materialità delle "fortezze di fango" a rendere più evidente il nesso tra intensità della vita sociale e stato di manutenzione delle abitazioni. Questo nesso assume una significatività ancora maggiore nel caso limite dell'abbandono del compound, che può arrivare lentamente e progressivamente come l'invecchiamento e la morte. Viceversa, finché non si sia giunti all'abbandono, le apparenze esteriori delle camere e dunque del compound sono destinate a essere curate, mantenute o ripensate periodicamente. Questo avviene parallelamente al rinnovarsi della vita nel compound e delle reti di relazione in cui i suoi abitanti sono inseriti (per esempio, la conferma o la reiterazione delle attività di cooperazione e dei vincoli di reciprocità che portano qualcuno a collaborare ai fini delle operazioni di costruzione o manutenzione delle abitazioni, appunto). In questo rinnovamento reiterato, in questa ri-creazione periodica, si perde il senso dell'autenticità, o meglio ancora non si pongono le basi perché si possa percepire la rilevanza della nozione di autenticità rispetto alla riproduzione, alla copia, al falso (vedi par. 3.7). Come la cultura, la casa kassena è sempre *in fieri*.

4.7 Dalla morte alla rinascita potenziale

Nel 2004, durante una delle mie permanenze sul campo, ebbi modo di dialogare con l'anziano in carica (*nakwe tu*) di una sezione lignatica, in circostanze che risultano particolarmente pertinenti in questa sede. L'incontro si svolse infatti presso la sua residenza, vale a dire il *sokwio* (la già citata "casa anziana") della sezione stessa (per la precisione, si trattava della sua residenza in quanto *nakwe tu*, presso la quale era andato a vivere una volta assunto il ruolo).

Il compound dell'anziano era evidentemente in decadenza. Solo un paio di camere, la sua e un'altra che a suo dire veniva utilizzata a scopi rituali, erano in buone condizioni. Il resto del compound, invece, era evidentemente in rovina. Alcune pareti qua e là resistevano, di altre restava eretta qualche decina di centimetri e altre ancora erano del tutto crollate, mentre i tetti delle camere avevano ceduto un po' ovunque. Il *nakwe tu* mi spiegò quello che era già abbastanza evidente persino agli occhi di un estraneo come me: il compound era ormai disabitato. L'anziano viveva da solo, intento a guidare il *nawuuri* dalla sua abitazione "moribonda", fornendo pareri ove richiesti ed eseguendo le offerte rituali all'altare degli antenati, il *nabaari* della sua sezione. Quando stavo per chiedergli se avesse idea di chi fosse destinato a prendere il suo posto andando a vivere nel *sokwio*, mi spiegò che in realtà non sarebbe andata così, che nessuno sarebbe andato a vivere lì. In effetti la possibilità di andare a vivere nel *sokwio*, da parte di un anziano appena nominato, era appunto una possibilità. Lui aveva agito così, ma questa scelta non avrebbe avuto un seguito. La vita di quel compound era ormai segnata, in quanto il sottosegmento lignatico destinato a prendere in mano la sezione dopo la morte dell'anziano viveva in un compound ricco e popolato, dal quale non c'era nessuna ragione per muoversi e nel quale sarebbe stato presto installato un nuovo altare degli antenati.

Quest'ultimo punto, l'installazione di un nuovo altare, merita certamente un approfondimento. Se il *sokwio*, l'abitazione anziana, è inteso essere appunto il luogo nel quale viveva l'antenato che ha dato vita alla sezione e dunque anche il luogo nel quale l'antenato è stato sepolto (dato che i Kassena usano il sottosuolo domestico allo scopo di seppellire i defunti), e se l'altare *nabaari*, posto nelle immediate vicinanze del *sokwio*, è ciò che segnala visivamente che quel luogo incarna e registra la vita dell'antenato, la possibilità di installare un altare altrove mette in crisi la verosimiglianza della rappresentazione e fa pensare piuttosto a una sorta di falsificazione.

Il processo di declino di un insediamento che segue una fase come quella testimoniata dal dialogo con il *nakwe tu* è facilmente immaginabile. Dopo un eventuale periodo intermedio, in cui l'insediamento, pur essendo disabitato, ospita ancora le immolazioni agli antenati (opzione possibile ma, come si è visto, non attivata nel caso appena illustrato), la progressiva scomparsa della fortezza di fango, lentamente demolita dalla pioggia, è inevitabile. Nel medio-lungo periodo, infine, lo spazio una volta occupato dal compound viene riassorbito dalla vegetazione. In effetti, è probabile che alcuni luoghi (e in particolare alcuni *taŋwana*) non siano altro che siti di vecchi insediamenti abbandonati e successivamente cancellati dall'avanzare della vegetazione, circostanza che in alcuni casi è di dominio pubblico ed è esplicitamente rivendicata nella tradizione orale. La "collina di Kanlaa", che porta il nome del primogenito di Naveh, è uno degli esempi più noti di questa casistica.

Come evidenziato altrove (Mangiameli, 2010), una categoria specifica di luoghi sacri dei Kassena, quelli consistenti in "boschetti" o più modestamente "gruppi di alberi", ha evidentemente un tratto in comune con gli insediamenti. Essi sorgono in luoghi con caratteristiche analoghe, vale a dire collinette e asperità della superficie, dove le abbondanti acque piovane che occupano il suolo nella stagione delle piogge non trascinano via i semi (per quanto riguarda gli alberi) e non erodono la base delle abitazioni. In altre parole, i luoghi occupati da alberi sacri sono collocazioni ideali per gli insediamenti umani e viceversa. Per la verità, in una dinamica di lungo periodo nella storia dei Kassena essi si sono effettivamente alternati qua e là, lasciandone traccia nella memoria. È anche in questo senso che nel Kassoŋo si può parlare di "uomini che diventano luoghi". Gli uomini lasciano traccia di sé innanzitutto nell'insediamento che hanno fondato. Successivamente, qualora la loro creazione venga abbandonata, essi hanno l'opportunità potenziale di diventare luogo sacro e di dare il proprio nome a una divinità ambientale. Infine, qualora una certa divinità del territorio sia caduta nell'oblio o sia stata accantonata e qualcuno abbia deciso di andare a vivere proprio in quel luogo, il processo può ricominciare dall'inizio.

4.8 Scrivere, cancellare e riscrivere nell'ambiente

Sono diverse le circostanze in cui si usa il paesaggio per scrivervi sopra, nel Kassoŋo come altrove. Sul paesaggio si possono appuntare brandelli di esistenza, momenti di storia, attribuzioni individuali e/o di gruppo. In chiusura di questo capitolo si vogliono prendere brevemente in considerazione tre esempi, relativi a tre diversi momenti della vita sociale in contesto kassena.

Il primo è l'atto di insediarsi in un territorio. In questa occasione il *tiga tu* (il signore della terra) deve mostrare i limiti del terreno assegnato ai nuovi arrivati, indicando dei punti di riferimento (alberi, sentieri, corsi d'acqua) e "tagliando la terra con il suo bastone", come dicono i Kassena. Il *tiga tu* indicherà ai nuovi arrivati anche i *taŋwana* presenti nell'area (cioè le divinità ambientali presenti, quali per esempio un gruppo di alberi), o più probabilmente ne indicherà di nuovi, che saranno concepiti come tali a partire da quel momento, assieme all'idea stessa di far sorgere un nuovo insediamento in quel luogo. I *taŋwana* sono testimonianza del passato e della permanenza, presentata attraverso l'autorità che spetta a chi intrattiene una relazione speciale con l'origine, vale a dire il *tiga tu* in quanto "discendente degli autoctoni". Allo stesso tempo, però, i *taŋwana* sono coinvolti in questo atto di scrittura che è rivolto al futuro e molto spesso si manifestano proprio in questo contesto per la prima volta. Attraverso l'individuazione della presenza di un *taŋwam*, che è indistinguibile da un processo di istituzione del *taŋwam* stesso, una porzione di terra viene così risignificata sul piano rituale al fine di porre le condizioni perché il nuovo insediamento viva nel benessere. In circostanze storiche particolari, peraltro, un *taŋwam* può essere spostato: con un atto di questo tipo i Kassena cancellano dall'ambiente e poi riscrivono parzialmente la storia di un insediamento.

Il secondo è il *puru*, cui si è già accennato (par. 4.5), il "monticello dei rifiuti domestici". Tenendo conto del fatto che le dimensioni di questo luogo di espulsione forniscono la misura della grandezza e della profondità temporale della storia dell'insediamento, e per questa via dunque incarnano una definizione visibile del prestigio del *soŋo*, anche il *puru* è un caso di scrittura nell'ambiente. Il cumulo è una manifestazione visibile dello scorrere della vita all'interno dell'insediamento che viene scritto nell'ambiente, anche se questo avviene solo parzialmente in maniera volontaria.

È interessante notare che il capo supremo di Paga, immediatamente dopo l'insediamento, ha tra le proprie prerogative quella di ordinare lavori di ricompattamento del suo *puru*, che è il più maestoso del chiefdom ed è anche soggetto, abbastanza ovviamente, a periodici smottamenti dovuti all'erosione atmosferica. In ossequio alla gerarchia di villaggi di cui si è parlato in precedenza (vedi par. 2.6), i lavori di ricompattamento evidenziano le differenti prerogative delle sezioni di Paga, in particolare quelle di Kayilo (la sezione *chief-maker* che costruisce il *kwara* e lo consegna al nuovo capo), Kakuŋu (quella che esprime il capo) e le sezioni più giovani. A lavorare sono chiamati i membri di queste ultime (cioè i *nawuura* gerarchicamente inferiori rispetto a quello del capo supremo), mentre i membri di Kayilo sono presenti in veste di "supervisori". Anche in questo caso si scrive nell'ambiente, procedendo a correggere parzialmente il *puru*, cioè un "documento" macroscopico che attesta il benessere del compound al vertice di Paga. Con questo documento, dopo una fase di crisi, segnata dalla morte del capo supremo, si certifica che c'è un nuovo capo e che il suo *soŋo*, cioè il suo gruppo familiare, gode di ottima salute. La correzione del *puru* fornisce pertanto un segnale rassicurante. Più o meno come avrebbe sottolineato Max Gluckman in un caso del genere, alla fine di un processo rituale, i motivi di tensione sociale o di preoccupazione diffusa, dopo avere trovato adeguata espressione collettiva nel rituale stesso, vengono superati e archiviati.

Il terzo caso che merita di essere ricordato è l'altare degli antenati, il *nabaari*, nella sua associazione con il *sokwio*, come esempio di costruzione del legame tra "sangue" e "terra" (vedi Kuper, 1982). E proprio per via della presenza dell'altare, il *sokwio* è il fulcro del sistema kassena di scrittura nei luoghi. La prossimità (geografica e genealogica) rispetto al *sokwio* della sezione è un criterio basilare che ciascuno può utilizzare per comprendere la propria collocazione nella storia locale. Si tratta a tutti gli effetti di un sistema di gerarchizzazione che traduce lo spazio in tempo e viceversa.[2]

La presenza del *nabaari* permette di certificare un posto nella storia di Paga, fornisce una direzione e una profondità allo sguardo verso il passato e afferma un ruolo nel presente. Esso può perdere le sue funzioni ed essere riprodotto/ricollocato altrove, parallelamente alle vicende del *sokwio* presso il quale si trova, come abbiamo visto a proposito dell'anziano nel *sokwio* in via di abbandono (vedi par. 4.7).

Quando il *sokwio* viene abbandonato, per poi diventare col tempo un *didoŋo*, cioè una sorta di casa defunta destinata a scomparire, l'anziano può costruire una copia dell'altare presso la propria abitazione, continuando però a eseguire le offerte rituali all'antenato presso l'altare originale. Successivamente, nella logica di sviluppo progressivo che caratterizza a vari livelli la vita sociale kassena, la copia del *nabaari* smetterà di essere tale, diventerà l'altare stesso e ne assumerà le funzioni, mentre il vecchio *nabaari* "originale" scivolerà progressivamente nell'oblio, materialmente e concettualmente, fino a scomparire.

Quello che potrebbe sembrare uno scheletro molto stabile, dunque, è in realtà un assetto mobile, in cui la definizione dei *nawuura* e la collocazione dei *nabaara* si aggiustano reciprocamente dopo ogni ricollocazione, ricostruendo nel tempo la corrispondenza biunivoca che li lega. Scrivere, cancellare e riscrivere storie, gerarchie e memorie: le dinamiche degli insediamenti e degli altari fanno anche e soprattutto questo.

Con la metafora della scrittura nei luoghi si è voluto fare riferimento a un duplice processo di costruzione e rimozione

2. Presso gli Zafimaniry, scrive Bloch, "la diversa altitudine dei villaggi riflette la diversa anzianità e legittima autorità politica" (1993, p. 196). Similmente, a Paga, gli insediamenti hanno tra loro rapporti descritti sulla base del modello "genitore-figlio".

della memoria. La genealogia dello spazio costruisce una storia, rimuove alcuni dati problematici e giustifica l'attuale assetto del potere rimandandolo a una dimensione ancestrale che ne fonda la legittimità. Nel processo di installazione del capo supremo di Paga, per esempio, sono in gioco gli stessi rapporti gerarchici che la genealogia dello spazio impone alla nostra attenzione. Il capo viene scelto tra i figli del capo defunto precedente, a Kakuŋu. La decisione spetta sostanzialmente agli anziani dei due *nawuura* "padri", vale a dire Nania e Kayilo, con un'evidente preminenza di quest'ultimo. In altre parole, i tre figli del fondatore, (quelli e solo quelli della cui esistenza abbiamo testimonianza attraverso il sistema dei *nawuura*) replicano l'assegnazione del potere operata nel tempo delle origini.

La mappa di un chiefdom come quello di Paga è dunque definibile come una mappa genealogica, in cui ogni nodo è la sede di una storia che lo collega a un altro nodo della stessa mappa oppure a un punto esterno, come nel caso della prima sezione, la cui fondazione rimanda esplicitamente al Burkina Faso. I processi segmentari che riguardano il mondo kassena nella sua interezza si riproducono nelle microdinamiche locali che a loro volta vengono narrate nei segmenti di memoria delle origini relativi alle sezioni, secondo la gerarchia di memorie di cui si è già detto (vedi par. 2.6).

In conclusione di capitolo, può essere utile richiamare un episodio emblematico della ricerca sul campo. Nell'aprile del 2004, durante una conversazione sulle origini di Paga, chiesi a un anziano di elencarmi i nomi dei figli del fondatore, Naveh, o almeno di dirmi quanti essi fossero. L'anziano si trovò in seria difficoltà: esattamente come gli altri abitanti di Paga, era in grado di citarne solo tre (Kanlaa, Kayilo e Kum), ma si dichiarava certo che in realtà i figli fossero molto più numerosi. Detto questo, si giustificò facendo una dichiarazione che risultò essere, di fatto, un'enunciazione esplicita del sistema kassena di scrittura nei luoghi: "I *Navebia* (figli di Naveh) sono molti, e molti di loro sono morti, e quelli che sono morti non li conosciamo". Gli chiesi a questo punto come facessero, lui e gli altri abitanti di Paga, a conoscere invece gli altri tre. "I nomi dei *nawuura* mostrano i nomi di alcuni di loro. I figli di Naveh sono i *nawuura*". Evidentemente questi tre non erano "morti" nello stesso senso degli altri.

In conclusione, il rapporto tra gli antenati e quelli che si presentano come i loro eredi è mediato dai rispettivi altari, i *nabaara*. Ciascuna delle sezioni vede nel relativo *nabaari* la certificazione delle proprie origini e con essa la legittimità del ruolo occupato oggi. Scrivendo, cancellando e riscrivendo, si costruisce una storia che può essere funzionale al mantenimento degli attuali assetti di potere (come appare evidente qui e ora), così come alla modifica di questi ultimi (come non c'è ragione di escludere che possa avvenire nel medio-lungo periodo). Più in particolare, è all'esistenza di questi luoghi che un insieme di individui deve la propria convinzione di appartenere alla dinastia dei coccodrilli: i figli del fondatore di cui si può avere certezza sono i *nawuura* di oggi, cioè quelli che sono diventati luoghi, quelli che sono stati scritti nello spazio. Gli uomini diventano luoghi, oppure scompaiono nell'oblio.

I processi di scrittura nel paesaggio che abbiamo visto in questo capitolo ci inducono a mettere in discussione l'assunto secondo cui *verba volant* e *scripta manent*. A ben vedere, l'atto di scrivere rende possibile quello del cancellare, come può accadere non solo su carta o al computer, ma anche nell'ambiente. È quanto accade distruggendo un edificio o un monumento, oppure lasciando che una costruzione decada progressivamente e venga lentamente demolita dagli agenti atmosferici e poi riassorbita dalla vegetazione. La mnemotecnica dell'abitare ci induce dunque a sottolineare che tutto ciò che può essere scritto può anche essere cancellato e riscritto diversamente.

5

I RACCONTI EZIOLOGICI

5.1 Il prototipo del mito, tra koinopoiesi e topopoiesi

In termini molto generali, la struttura dei miti di fondazione kassena prevede una relazione triadica tra un luogo, un autoctono e un immigrato. Quest'ultimo detiene o ottiene il *kwara* (un corno, il feticcio del capo) e ne introduce il culto nel luogo suddetto, fondando la chieftaincy. I racconti eziologici descrivono i processi attraverso i quali emerge il nome di un luogo, nome che spesso si riferisce anche a un antenato fondatore e a una collettività che viveva o vive in quel luogo. La koinopoiesi, intesa come costruzione di una comunità, sembra non poter fare a meno di atti di topopoiesi, cioè di produzione del luogo come distinto e significativo, attraverso la scoperta di un ambiente accogliente e la selezione di una porzione di territorio da occupare.

Dall'accostamento tra i racconti delle origini kassena, quali quelli già presentati (Paga e Kaya) e gli altri che vedremo in questo capitolo, si può individuare una sorta di schema generale, una narrazione sommaria che può fungere da prototipo dei racconti eziologici e aiutare il lettore a orientarsi prima di addentrarsi nella lettura dei singoli racconti. Non tutti gli elementi e i passaggi narrativi di questo prototipo saranno necessariamente presenti in ogni racconto eziologico effettivamente in circolazione. Il prototipo permette tuttavia di individuare una matrice comune e di cogliere le somiglianze di famiglia tra i racconti kassena.

Un uomo in viaggio in terra straniera si imbatte in un insediamento presso il quale trova ospitalità. L'accoglienza allo straniero che prelude all'alleanza con gli autoctoni passa attraverso l'offerta di acqua al visitatore. La prima moglie dell'autoctono si rifiuta di dare da bere allo straniero, mentre la seconda accetta. L'ospite ricambia la cortesia facendo dono del suo bottino di caccia alla donna, che a sua volta convincerà successivamente il marito a dare una figlia in sposa allo straniero. L'autoctono concede all'immigrato una donna e della terra, i presupposti per l'espansione del suo *dwi*, per la costituzione di una dinastia che deterrà il *kwara* e dunque la chieftaincy, ma tiene per sé il dominio politico-rituale della terra.

Più che inventore della cultura, l'immigrato è un innovatore. Questi introduce il *kwara*, che è una novità significativa sul piano organizzativo, politico e rituale, ma spesso egli si inscrive in una modalità dell'abitare già attestata, viene accolto in un contesto già socializzato e regolato da regole matrimoniali e norme di ospitalità. In alcuni casi, però, l'autoctono è un troglodita. Preferire la nozione di immigrato come innovatore piuttosto che inventore della cultura serve appunto a proporre una categoria più generale che possa conciliare le differenze, vale a dire rendere conto simultaneamente dei casi in cui gli autoctoni sono a loro volta "culturali" (soluzione A) e di quelli in cui sono presentati come "preculturali" o "primitivi" (soluzione B). Tuttavia, alla luce degli esempi qui riportati, si può cogliere una preferenza tendenziale per la soluzione A. Inoltre, anche in presenza della soluzione B, l'immigrato non è inventore della cultura ma erede di una tradizione preesistente. È proprio su questo piano che si può impostare con interesse una comparazione tra mitologia kassena e mitologia mossi, dove quest'ultima mostra una preferenza evidente per l'immagine dell'autoctono come preculturale. A parere di Liberski-Bagnoud (2002, p. 131), pur essendoci somiglianze tra i racconti kassena e quelli mossi, sono molto più significative le differenze. Nei miti mossi l'immigrato incontra un troglodita che non conosce la durata del tempo né l'estensione dello spazio, oltre a vivere sotto terra, ed è l'immigrato a fornirgli le chiavi interpretative "umane" perché egli possa fare esperienza dello spazio e del tempo. Nei racconti eziologici kassena, invece, l'arrivo dell'immigrato non si colloca in un "istante zero" della cultura ma si inserisce generalmente (anche se non sempre) in un mondo sociale già formato che semmai il nuovo arrivato modifica in maniera significativa. Attraverso la propria scaltrezza e facendo ricorso al *kwara*, il nuovo arrivato dimostra inoltre di poter intervenire sui conflitti in atto, risolvendoli positivamente.

Ogni racconto eziologico, oltre a indicare punti di origine di una migrazione, cita altri luoghi abitati e gruppi umani coinvolti in fatti significativi, certificandone quindi implicitamente la preesistenza rispetto al luogo e al gruppo di cui si spiega l'origine. È proprio seguendo queste tracce che intraprendiamo un percorso a ritroso. In questo viaggio baderemo poco alla frontiera tra Ghana e Burkina Faso, così come devono aver fatto i protagonisti degli eventi narrati nei racconti eziologici dei Kassena. Vecchio oggi poco più di un secolo, il confine stabilito da britannici e francesi disegna una linea che in precedenza non aveva mai avuto alcuna rilevanza, quando, per usare la formula del mito di Paga, "nessun confine tagliava la savana". Certamente esso non aveva ostacolato i movimenti di quei cacciatori, di quei pastori e di quei guerrieri che diedero vita agli embrioni degli attuali chiefdom kassena. Passeremo dal Ghana al Burkina Faso e viceversa, seguendo le trame degli spostamenti descritti nei miti di fondazione di alcune località kassena: Tiakané, Kaya, Chiana, Kayoro, Pô, Navrongo. Questi racconti sono stati resi disponibili dal lavoro di alcuni antropologi, quali (in ordine cronologico) Jurgen Zwernemann (1969), Albert Awedoba (1985), Allison Howell (1997), Danouta Liberski-Bagnoud (2002) e Ludovic Kibora (2003), che ne hanno pubblicato versioni scritte. Accanto a questi, terremo presente come termine di confronto il mito di Paga raccolto sul campo da chi scrive e già ampiamente illustrato in precedenza (vedi cap. 2).

5.2 Parcellizzazioni emiche e ricomposizioni etiche

La caratteristica fondamentale dei racconti eziologici kassena che ha motivato la stesura di questo volume è la loro parcellizzazione (par. 1.1): le memorie orali dei Kassena sulle origini sono fortemente segmentate ed esprimono un sapere spiccatamente localizzato. Ciascuno di questi miti, presupponendo l'esistenza di altri villaggi o chiefdom più antichi, certifica la presenza di un'umanità già socializzata e delinea la prosecuzione di una storia pregressa. Non c'è però alcun racconto "federativo" a delineare questa storia pregressa che potremmo o vorremmo intendere come storia comune a tutti i Kassena. È a questo che ci riferiamo con l'espressione "parcellizzazione emica", cui fa da contraltare l'eventualità di una "ricomposizione etica". In effetti, per quanto il mito unitario dei Kassena non esista, il lavoro che stiamo svolgendo in questa sede sembra avere l'effetto di costruire una sorta di surrogato del mito stesso. Pur senza l'intenzione di "riempire il vuoto", è proprio l'attività di accostamento comparativo tra i racconti eziologici a produrre un effetto collaterale di ricomposizione etica. Mettendo i miti di fondazione uno accanto all'altro si ottiene uno sguardo d'insieme che trasforma questa molteplicità di racconti in un unico racconto molteplice: è qui che si coglie la capacità mitopoietica dell'antropologia stessa. Come si è visto in precedenza (cap. 1), forme di unificazione mitologica sono presenti nella regione più vasta in cui si colloca il territorio kassena, sia presso le società centralizzate sia presso le società decentralizzate. A differenza dei Kassena, in altri casi si può vedere che il livello di integrazione del mito (cioè il bacino di cui il mito fonda l'origine unitaria) è superiore al livello di integrazione politico-rituale attestato presso una certa popolazione: regni differenti che rivendicano la comune discendenza dallo stesso antenato e società decentralizzate che si connettono allo stesso regno come origine condivisa.

L'assenza di una sintesi unitaria dell'origine dei Kassena non va però pensata come assenza di connessioni, così come l'autonomia reciproca dei chiefdom non implica un'indifferenza reciproca. Il Kassoŋo è un territorio non unitario, privo di un vertice politico, ma percorso da una rete di connessioni, da tracce di discendenza e di parentela, da scambi che trovano espressione nei riferimenti che legano tra loro i racconti eziologici. Il complesso eziologico kassena costituisce una sorta di macrotesto fitto di rimandi interni, un testo virtuale che emerge dall'interrelazione dei singoli racconti. Presi in considerazione congiuntamente, i miti kassena danno l'idea di una serie di fili di varia provenienza che di tanto in tanto si intrecciano, come avviene quando nel racconto delle origini della località A viene menzionata un'altra località, B, della quale si riconosce la preesistenza, cioè l'anzianità relativa e dunque la superiorità gerarchica, e dalla quale per esempio si afferma essere pervenuto il *kwara* in uso presso A.

I racconti spiegano l'origine del *kwara* in quanto sul piano politico-rituale si tratta della fonte di legittimità della stessa autorità enunciativa di chi sta parlando, vale a dire una comunità modellata dalla chieftaincy. Il fatto che le spiegazioni siano eterogenee fa il paio con la molteplicità di centri di potere. Se sul Kassoŋo si fosse attestato un potere centrale, con tutta probabilità sarebbe stata elaborata parallelamente anche la sua carta mitica, eliminando alcune difformità allo scopo di spiegare o inventare l'origine unica del *kwara*. Grazie all'assenza di questa operazione di costruzione possiamo percepire una modesta quanto significativa "verità" prima che essa (se mai ciò avverrà) possa essere riformulata: il *kwara* è arrivato da più direzioni in molteplici maniere, esattamente come i fondatori arrivarono da luoghi differenti per ragioni differenti. La ricomposizione delle eziologie parcellizzate ci dice questo: non è individuabile una singola sequenza di eventi che abbia portato alla nascita dei chiefdom kassena.

In alcuni casi l'eroe fondatore è un cacciatore, in altri un guerriero o un pastore. Talvolta la sua appartenenza etnica è imprecisata, mentre è nota la provenienza geografica. In altri casi, viceversa, all'immigrato viene esplicitamente assegnata una identità etnica differente da quella dei Kassena, nello stesso momento in cui si afferma che egli è l'antenato dei Kassena. In qualche mito, l'immigrato privo di identità etnica fonda l'identità kassena confrontandosi con esseri umani "relativamente semplici". In altri racconti, invece, gli autoctoni "relativamente semplici" sono presentati come già Kassena, ed è invece l'*altro* a portare le innovazioni che aprono un nuovo orizzonte per la storia locale. Gli esempi riportati nelle pagine di questo capitolo conclusivo sono rappresentativi, ciascuno a suo modo, di questa "eterogeneità originaria": Tiakané parla di due fratelli in viaggio; Kaya rivendica che "noi Kassena siamo Fulani", cioè *altro*; Chiana cancella il passato del suo antenato; Kayoro ostenta la sua molteplicità interna fino a sdoppiare il ruolo di autoctono/immigrato in un gioco di rifrazioni; Pô mette in scena il passaggio dai Mossi ai Kassena; Navrongo, infine, chiama in causa ulteriori forme di alterità, differenti da quelle evocate dagli altri racconti eziologici. L'eventuale ricomposizione etica deve fermarsi qui, senza tentare di ridurre un'eterogeneità evidente quanto significativa per proporre un modello unitario costruito sull'addomesticamento delle differenze. Il ricorso alla nozione di "origine plurale" vuole essere una forma di riconoscimento della molteplicità interna come elemento di grande valore della cultura kassena.

5.3 Tiakané: due fratelli in viaggio

Il primo racconto eziologico che prendiamo in considerazione è quello di Tiakané, la cui trascrizione è dovuta a Liberski-Bagnoud (2002, pp. 134-135). Due fratelli avevano lasciato Nakura, una località che oggi non è possibile identificare. Dopo aver cacciato insieme, i due si separarono presso il villaggio di Sia (a ovest di Tiakané). Mentre il fratello maggiore si diresse verso Chiana, il minore, Zaguirou, si indirizzò verso quella che è oggi Tiakané (Chiana e Tiakané si considerano fratelli). Durante il tragitto, Zaguirou sentì una voce e cercò di identificare il punto da cui proveniva. Si accorse dunque che c'era un essere dalle fattezze non esattamente umane, seduto su una pietra. L'essere chiese a Zaguirou dove stesse andando. Zaguirou gli indicò la direzione del villaggio e gli chiese quale fosse il suo nome. Lo strano figuro, dopo aver risposto che Zaguirou non aveva bisogno di conoscere il suo nome, disse di chiamarsi Tiakané, poi gli intimò di non dire a nessuno di questo incontro e di andarsene senza tornare più sul posto. Zaguirou violò subito l'interdizione, voltandosi dopo un po' verso il posto in cui era avvenuto l'incontro. L'essere non c'era più. Al suo posto, una collina.

Proseguendo nel suo cammino, Zaguirou, dopo aver ucciso un animale tra Vroupouni (villaggio oggi scomparso) e Tiakané, incontrò una comunità "importante ma che non aveva un nome" (Liberski-Bagnoud, 2002, p. 135). Qui si accorse di un uomo, Aboua, che era seduto all'esterno della sua casa. Zaguirou chiese a Aboua dell'acqua da bere. Aboua inoltrò la richiesta alla sua moglie preferita, che si rifiutò di dare da bere all'estraneo, sporco e coperto di polvere. Aboua allora presentò la medesima richiesta a un'altra delle sue donne. A differenza della prima, questa gli diede l'acqua senza lamentarsi. Dissetatosi, Zaguirou pregò Aboua di farlo accompagnare da alcuni uomini nella foresta, dove aveva lasciato una delle sue frecce (cioè l'animale che aveva ucciso durante la battuta di caccia). Al ritorno, egli donò tutta la carne alla donna che lo aveva dissetato. Successivamente esplose una disputa tra gli abitanti di Pô e i signori della terra di Tiakané, gli Zeniani. Aboua chiese sostegno a Zaguirou, il quale gli sconsigliò di intraprendere una battaglia, senza però riuscire a convincerlo. Durante la battaglia Aboua fu ferito a morte. Prima di morire, disse alla sua gente che con il coraggio dimostrato in battaglia Zaguirou si era meritato di essere il capo e chiese quindi che alla sua morte il *kwara* fosse assegnato a quest'ultimo.[1]

Il racconto di Tiakané presenta occorrenze di alcuni motivi ricorrenti nella memoria orale kassena. Presso l'insediamento di Aboua si svolge l'episodio dell'acqua che richiama quanto avvenuto anche a Naveh presso Pindaa, come abbiamo visto nel mito di Paga. La prima moglie si rifiuta di dargli da bere,

1. Vedi Liberski-Bagnoud (2002, pp. 134-136).

mentre la seconda accetta. Come nel caso di Paga, l'ospite ricambia facendo dono alla donna del suo bottino di caccia.

Il tema della difficoltà di comunicazione tra l'immigrato e l'autoctono è un altro elemento ricorrente, ma in questo caso l'autoctono non presenta fattezze esattamente umane. D'altra parte, l'insediamento di Aboua viene introdotto come "comunità senza nome", "già là", cui l'arrivo dell'immigrato sembra dare nuovo slancio, inaugurando una nuova stagione rispetto a una situazione che appare non tanto preculturale quanto "preidentitaria".

Veniamo al *kwara*. La figura di Zaguirou come eroe emerge durante una battaglia. In punto di morte, il *soŋo tu* stabilisce che sarà lui il capo. Nel caso di Paga, invece, Naveh dimostra il suo eroismo uccidendo il pericoloso bufalo dalle cui corna otterrà il *kwara*. In entrambi i casi, il possesso del *kwara* scaturisce da un atto più o meno eroico dell'immigrato. C'è tuttavia una differenza significativa tra il caso di Paga e quello di Tiakané. Mentre Naveh fabbrica il *kwara* dopo l'atto eroico e introduce il culto del feticcio assieme alla chieftaincy, risultando così essere un innovatore, lo stesso non si può dire di Zaguirou. La "comunità senza nome" conosce già il *kwara*, che deve essere arrivato in precedenza. Per quanto sia "senza nome", essa ha già iniziato a costruire l'impalcatura di un chiefdom kassena. Il racconto eziologico di Tiakané, quindi, ci ricorda che ai flussi migratori e al dinamismo della cultura non c'è mai fine e soprattutto non ci mostra neanche l'inizio, quasi a denunciarne la ricerca come una vana ossessione umana.

5.4 Kaya: noi Kassena siamo Fulani

Abbiamo già visto il mito di Kaya nella versione proposta da Kibora (2003). Quella che segue è invece la versione riportata da Liberski-Bagnoud (2002).

> L'antenato di Kaya è Wollo, un fulani che viaggiava assieme a un mossi. Il fulani proveniva da un villaggio anch'esso chiamato Kaya, a una quarantina di chilometri da Ouagadougou, un luogo che oggi è abitato prevalentemente dai Mossi. Il suo

compagno di viaggio, il mossi, dopo aver perso la competizione per la successione alla chieftaincy a Lumbila, un altro villaggio a nordest di Ouagadougou,[2] si era stabilito a Tiébélé. Il fulani viveva con lui e aveva preso moglie a Tiébélé. Essendo un pastore, dedicava il suo tempo alla ricerca di nuovi pascoli. Proprio mentre vagava a questo scopo, scoprì il sito che poi diventò Kaya. In questo luogo era presente una pianta parassita, il *buloro*, che piaceva molto alle sue vacche e che cresceva in maniera particolarmente abbondante nei pressi di una fonte ai piedi di una collina chiamata Kayaa. La fonte e la collinetta, insieme, sono il primo *taŋwam* di Kaya. Il fulani, visto il successo che la pianta riscuoteva presso le sue vacche, scelse quel luogo come suo pascolo privilegiato. Ogni volta che vi si recava, vedeva un uomo, Kakoki, l'antenato del signore della terra, che viveva in un buco nella terra ed evitava il contatto con lui, evidentemente spaventato. Col tempo il fulani riuscì a conquistare la fiducia di Kakoki e a diventarne amico, mostrandogli che poteva vivere sulla superficie, piuttosto che in un buco nella terra. Successivamente si stabilì presso Kaya. A questo scopo, Kakoki gli assegnò due *taŋwana*: uno stagno e una collinetta. Il figlio del fulani si chiamò Buloro, in ricordo della pianta che aveva dato il via agli eventi. Buloro chiese il *kwara* a Tiébélé: così, ogni volta che un capo di Kaya muore, il *kwara* torna a Tiébélé. (Liberski-Bagnoud, 2002, pp. 134-135, traduzione nostra)

Per comodità del lettore, inoltre, richiamiamo qui la versione di Kibora che abbiamo già visto in precedenza (par. 1.5):

Un fulani di nome Holo o Jolo partì da Loumbila, un villaggio moaga attualmente situato a circa 25 chilometri a nordest di Ouagadougou, assieme a un suo amico moaga, probabilmente alla ricerca di migliori condizioni di vita. Il fulani trovò un luogo propizio e vi si installò. Dopo un po' di tempo, Jolo si accorse di non essere solo in quel luogo, avendo notato tracce di una presenza umana. Contrariamente a quanto pensava, egli non era dunque il primo occupante. Una sorta di troglodita viveva presso le grotte site nelle vicinanze. Jolo tentò invano di avviare un dialogo con il suo vicino. Provava a comunicare a gesti, oltre che con suoni, ma il troglodita non rispondeva

2. Per Liberski-Bagnoud (2002) queste indicazioni potrebbero essere fittizie e comunicare soltanto un segnale di carattere geografico: provenienza dal nord.

> mai. Scoraggiato, Jolo rinunciò a ottenere l'amicizia del vicino. Eppure, un giorno, fu il troglodita a tentare un approccio, uscendo dalla sua grotta e invitando Jolo ad andare con lui. Il fulani declinò l'invito rispondendogli in lingua moore "bas tim zind ka ya, ka ya sooma" [cioè "lascia che mi accomodi qui, è meglio". Da questa ripetizione, *ka ya*, *ka ya*, nasce il toponimo Kaya]. A partire da quel giorno, il sito si chiamò Kaya. Il villaggio nacque da questo luogo, che oggi è un *taŋwam* chiamato Kayaa. L'amico moaga, che non si era fermato nello stesso luogo, proseguì fino a fondare Tiébélé, mentre i primi occupanti, che erano "già là", andarono via per fondare il villaggio di Kollo. Così, oggi, i signori della terra di Tiébélé vengono da Kollo, quelli di Kaya discendono dal troglodita incontrato da Jolo, mentre il *kwara* di Kaya proviene da Tiébélé. (Kibora, 2003, pp. 279-280, traduzione nostra)

Come si vede dalla narrazione, seppure così breve, il mito di Kaya fornisce spiegazioni circa la posizione dei lignaggi e la distribuzione delle funzioni rituali (Kibora, 2003, p. 276) sul piano locale, introducendo la figura del signore della terra e la provenienza del *kwara*. Questo mito ci permette di riflettere sia sui tratti comuni ai racconti stessi sia sulle deviazioni dalla norma che possiamo riscontrare. Quella di Kaya è una forma di atipicità estremamente significativa che merita di essere esplorata e che diventerà ancora più evidente nel resto del capitolo, alla luce degli altri racconti delle origini kassena. Innanzitutto, come nel caso di Paga, l'etimologia del toponimo è ricondotta a una frase del fondatore (si veda anche il racconto eziologico di Chiana, par. 5.5).[3] In secondo luogo, la sfera degli autoctoni è rappresentata da un troglodita. La versione di Kibora sottolinea come la comunicazione sia estremamente difficoltosa: l'autoctono sembra appartenere a un universo preculturale. Il *kwara* esiste ed è conosciuto, ma bisognerà ottenerlo da Tiébélé. L'immigrato, inoltre, non trova moglie presso l'autoctono che incontra sul posto, ma altrove.

Nel prototipo generale dei miti kassena, costruito sulle tendenze prevalenti e dunque su miti come quello di Paga e altri

3. A Chiana, similmente, è un curioso verso prodotto dall'eroe "privo di nome" a valergli il soprannome "Chiana", che poi sarà esteso al chiefdom.

che illustreremo nelle pagine che seguono, l'antenato dei capi proviene chiaramente da una umanità già costituita e socializzata. Qui, tuttavia, come si è già visto (vedi par. 1.5), si esordisce dicendo che "noi di Kaya siamo fulani" (Liberski-Bagnoud, 2002, pp. 128-129). Per quanto leggermente differenti in alcuni dettagli, la versione riportata da Liberski-Bagnoud e quella di Kibora concordano su un punto: entrambe ci presentano esplicitamente il fondatore come appartenente a un'altra etnia. L'antenato dei Kassena di Kaya non è un kassena, ma un pastore fulani. Egli è un nomade, in viaggio alla ricerca di nuovi pascoli. Il caso è interessante in quanto al "primitivo" autoctono, signore della terra, che vive in condizioni disagevoli, non si contrappone un immigrato che propone un modo di abitare più avanzato, ma un rappresentante dei Fulani, che per i Kassena sono tutt'altro che simbolo di "progresso".

Sulla base della conoscenza di altri racconti eziologici, ci si aspetta che la comunità scaturisca proprio da questa alleanza matrimoniale che lega un suocero a un genero, un autoctono a un immigrato, un signore della terra a un capo, il sistema dei *taŋwana* al *kwara*. Anzi, sembra che il momento fondativo sia proprio quello in cui l'antenato dei capi lascia l'insediamento nel quale ha trovato ospitalità, per andare a fondare un proprio compound dove andrà a vivere con la moglie (vedi Liberski-Bagnoud, 2002, p. 128). In una formula, la fondazione coincide proprio con la separazione tra il suocero e il genero. Nel caso di Kaya, però, le cose non vanno così. Il fondatore prende moglie altrove, nello stesso luogo da cui tra l'altro ottiene il *kwara*, che dunque non è né "prodotto" né "inventato" né "introdotto" dall'immigrato.

Nella versione di Kibora, peraltro, non si fa affatto menzione di alcuna moglie. Kibora ritiene che l'assenza nel racconto di una elaborazione relativa all'alleanza matrimoniale tra il fulani e gli autoctoni faccia pensare che l'etnia kassena sia nata dalla discendenza diretta del fulani e del mossi. Il mito di Kaya, dunque, fornirebbe una sintesi della genesi di una formazione sociale: i figli del fulani, un pastore nomade, si sarebbero uniti a quelli del mossi, un agricoltore sedentario, per dare vita a un'etnia dedita ad agricoltura e allevamento (Kibora 2003, p. 281).

Il mito di Kaya ci informa inoltre che gli autoctoni di Tiébélé vanno via, sulla spinta dell'arrivo del mossi.[4] Questo spiega la collocazione dei signori della terra attuali, che vivono a Kollo. Certo, costituisce una deviazione interessante: i signori della terra, in questo caso, hanno una storia che spiega la loro presenza attuale, mentre ci si aspetta che siano "già là", senza un passato, puri e "fuori genealogia".

Anche questo spunto sui signori della terra merita qualche riflessione, in quanto mostra la capacità del mito di decostruire le sue stesse categorie distintive. Il mito di Kaya svela il carattere costruito della categoria di autoctono, facendo vedere che si è o non si è autoctoni sempre e solo rispetto al segmento temporale che si vuole tenere in considerazione. Dietro la figura dell'autoctono, che è "sempre stato qui", c'è una precedente mobilità rispetto a un altrove, mobilità nascosta o dimenticata. In fondo, ciascuno è autoctono o immigrato sempre in relazione a un termine di paragone. Il mito di Kaya mostra il dispositivo grazie al quale si costruisce e si naturalizza la categoria di autoctono, ma è proprio l'atto di mostrare il dispositivo a impedire la naturalizzazione e a fare di questo brano di cultura kassena un autentico manifesto di storicizzazione e antiessenzialismo.

5.5 Chiana: un passato da cancellare

La storia del chiefdom di Chiana, in Ghana, trascritta da Howell (1997, pp. 22-24), inizia con la migrazione di un uomo che, sconfitto nella competizione per la successione al capo defunto, suo padre, si mosse dal Burkina Faso, da Nobéré, verso sud, temendo che il fratello lo volesse uccidere, esattamente come avviene a Panlogo, il "padre" del fondatore di Paga, Naveh. L'uomo, dopo essersi perduto aggirandosi in luoghi a lui igno-

4. Questa vicenda ricorda quella di Gongkwora (vedi il racconto eziologico di Pô, par. 5.7).

ti, si imbatté nella famiglia di un fabbro, Nosi, che lo accettò in casa, presso una località chiamata Sia. Nosi e i suoi familiari iniziarono a chiamarlo "Chiana", dal verso che egli produceva per imitare il suono del metallo battuto dal fabbro durante la lavorazione. Chiana offrì della carne a Nosi, che in cambio gli concesse sua figlia in sposa e gli assegnò inoltre un appezzamento di terreno presso il quale insediarsi. Il figlio di Chiana, Wusiga, prese le redini del gruppo alla morte dei due anziani, Nosi e Chiana, l'autoctono e l'immigrato. Il fratello della madre di Wusiga, invece, è ricordato come il fondatore di Nakong. Wusiga cercò di convincere tutto il gruppo a trasferirsi con lui, senza però riuscire a convincere una delle mogli del padre, quella proveniente da Pô, che fu pertanto costretto ad allontanare, rimandandola nel suo luogo d'origine, in Burkina Faso.

A questo punto, il resto del gruppo, ricompattato dall'eliminazione dei dissidenti, si stabilì effettivamente nel luogo indicato da Wusiga, più adatto all'agricoltura e protetto da un *taŋwam*. Il luogo venne chiamato Chiana, dal nome del padre di Wusiga, mentre quest'ultimo fu scelto come leader del gruppo. Avendo bisogno di figli, egli giurò al *taŋwam* che se avesse avuto una moglie e molti figli, avrebbe sacrificato il primo al *taŋwam* per ripagarlo. Successivamente egli sposò due donne, una delle quali era la figlia di Achulu, l'antenato di Chuchuliga, una comunità builsa del Ghana nordorientale, mentre l'altra proveniva da Sisinu. La prima gli diede Nanyanga, la seconda Zoo. Il legame con i Builsa è confermato dall'arrivo di un builsa, Gbedem (leopardo in lingua buli), ribattezzato Gweru (leopardo in lingua kasem). Wusiga ospitò Gweru, che in cambio gli diede in moglie sua sorella, dalla quale Wusiga ebbe successivamente altri figli. Poiché Wusiga non aveva però rispettato il giuramento fatto al *taŋwam*, decise di allontanarsi da esso, per evitare rischi, giurando che mai uno dei suoi discendenti vi si sarebbe anche solo accostato.

Sandem, l'antenato fondatore dell'attuale Sandema, in territorio builsa, diede sua figlia a Wusiga in cambio della terra che questi gli aveva concesso a scopo agricolo. Nanyanga, figlio di Wusiga e della donna di Chuchuliga, uccise la moglie di Sandem, in quanto gli aveva rubato della carne. Rientrato in possesso della carne di capra, si rifugiò a casa dello zio materno, a Chuchuliga, mentre Sandem e i suoi fratelli si vendicarono ai danni di Wusiga. Dopo la morte di Wusiga, uno dei suoi figli, Zoo, venne riportato a Sisinu (il villaggio dello zio materno) dopo una disputa relativa a un sacrificio, assieme ai discendenti di Nosi. Da questo nucleo nacque quella che oggi è la gente di Katiu, il più recente dei chiefdom kassena.

Il resto del gruppo dei discendenti di Wusiga si spostò ulteriormente, nel corso della disputa con Sandem, fino a raggiungere il luogo in cui da quel momento in poi si sarebbero sviluppati gli insediamenti clanici di Chiana. I discendenti di Nosi, intanto, trovarono finalmente una collocazione a Saa (o Saga) e sono tuttora riconosciuti come i "padri" di Chiana, in quanto furono gli antenati di Saa ad accogliere Chiana, il cacciatore venuto da Nobéré, in Burkina Faso, anche se non riconoscono il loro antenato nel nome Nosi, ma piuttosto lo chiamano Nisaa.[5] I Saa o Saga oggi ricoprono il ruolo di guardiani della terra, di guardiani della pioggia e di guardiani del *taŋwam* rispetto a Chiana (in quanto discendenti di coloro i quali accolsero Chiana, appunto) e a Katiu, il chiefdom kassena più recente. Il primo a essere nominato capo di Chiana fu un nipote di Wusiga, Basuu, il cui figlio fu il primo ad acquisire il *kwara*. Il *kwara* venne introdotto a Chiana da un "cacciatore proveniente da Pindaa". Alla fine degli anni Novanta, quando Allison Howell pubblica questa versione del mito (Howell, 1997), Chiana è sottoposta all'autorità del decimo capo supremo della sua storia.

L'avvio del racconto di Chiana è parallelo a quello di Paga: uno sconfitto in fuga, inseguito dal fratello che lo vuole uccidere, una scissione familiare insanguinata in seguito a problemi insorti nella successione alla chieftaincy. L'antenato di Chiana assume il suo nome contestualmente all'incontro con gli autoctoni che lo ospiteranno. Gli autoctoni sono pienamen-

5. Da questo nome proverrebbe sia una spiegazione per il toponimo, Saa, sia una traccia di una relazione con un'altra popolazione dell'area, i Sissala.

te socializzati e Chiana assume una storia personale a partire dall'incontro con questi, pur avendo egli senza alcun dubbio un profilo storico-culturale, in quanto ha partecipato a una competizione per la chieftaincy. Tuttavia, egli riparte dal nulla con un nuovo nome. Il suo profilo personale viene quindi azzerato e inserito in un nuovo percorso biografico. Si tratta di un dato interessante in quanto sembra che non sia l'immigrato a cambiare la storia del luogo in cui arriva (o eventualmente ad avviarla), ma esattamente l'inverso. A suo modo, anche Chiana presenta dunque elementi di atipicità, pur inserendosi per certi versi in un interessante parallelismo con Paga, dettato dalle analogie tra i due racconti.

La cancellazione del passato dell'immigrato induce a ipotizzare che la sua provenienza avesse delle connotazioni importanti dal punto di vista dell'appartenenza etnica e/o sul piano politico-rituale. È dunque lecito suggerire l'ipotesi secondo cui la figura di Chiana sintetizzerebbe un flusso migratorio non semplicemente e genericamente "pre-kassena", ma dotato piuttosto di un profilo ben strutturato che andò a costituire una delle differenti fonti di alimentazione del laboratorio kassena in costruzione, cioè una delle "origini plurali" dei Kassena.

Nello stesso laboratorio entrano altre fonti di influenza che, a differenza di quella appena vista, vengono esplicitamente citate nel mito di Chiana. Una colloca una linea di origine a Pô, in Burkina Faso, poiché da lì proviene una delle mogli di Chiana. Un'altra fonte è riscontrabile nei Builsa (citati indirettamente attraverso la menzione della figura di Sandem). Va citato in proposito quanto segnalato da Howell: Afania, un insediamento di Katiu (il chiefdom sorto recentemente, che in precedenza era parte di Chiana), conserva memoria di un periodo trascorso dai suoi antenati a Sandema, presso i Builsa. Per questa ragione i loro funerali iniziano con una canzone in buli (la lingua dei Builsa), per poi proseguire in kasem (Howell, 1997, p. 56, n. 18). Anche Chiana, dunque, contribuisce a inspessire la percezione di una molteplicità all'origine dei Kassena, attraverso espliciti riferimenti alle alterità coinvolte nella "formula delle origini", una formula evidentemente unica e irripetibile.

5.6 Kayoro: la molteplicità interna

L'eziologia di Kayoro, che è stata trascritta da Allison Howell (1997, pp. 24-25), è basata su tre flussi migratori distinti, cui corrispondono tre sezioni dell'attuale chiefdom: in ordine cronologico, Akaa, Kachela, Kaba. Anche in questo caso gli antenati provengono da nord, dal Burkina Faso: gli Akaa sono originari di Pô. Dopo di loro compare la figura dell'antenato dei Kachela. Questi arriverebbe dal Burkina Faso, mentre secondo altre versioni sarebbe emerso dal terreno. L'antenato dei Kaba, infine, non arriva dal Burkina Faso, ma da Kwincha, nell'attuale Ghana, all'estremo nordest.

Quando arriva l'antenato di Kachela, è l'antenato di Akaa ad accoglierlo e a fornirgli terra nella quale insediarsi. È un'epoca di sofferenza a causa di guerre e razzie schiavistiche. A sua volta, è Kachela ad accogliere Kaba, un cacciatore di Kwincha, che offre della carne alla gente del posto. Kachela chiede a Kaba di restare per aiutare la gente del posto a difendersi dagli schiavisti e gli concede una figlia in sposa. La gente di Kachela, avendo apprezzato anche la carne portata in dono da Kaba, gli dà inoltre il *kwara*. Successivamente arrivano da Nobéré gli antenati dell'insediamento di Akania. A questi sarà assegnata da Kaba la "coda" del *kwara*, un feticcio che permetterà loro di avere un capo, anche se dipendente comunque dal capo di Kayoro.

Questo racconto presenta caratteristiche di straordinario interesse per gli scopi della nostra ricognizione dell'origine plurale kassena. Eliminando la figura dell'autoctono che è "già là", senza una storia migratoria pregressa, senza una provenienza, intesa come spiegazione della propria presenza, il mito di Kayoro mette in mostra il dispositivo narrativo, esplicita la finzione, butta le carte in tavola: nessuno è privo di un'origine, ciascuno viene da qualche parte. La posizione di autoctono e quella di immigrato sono quindi relative e contestuali, vanno ridefinite in rapporto a nuovi arrivi, a "nuove alterità" che trasformano le "vecchie alterità" in "nuove autoctonie".

Dei tre protagonisti, il secondo, Kachela, è certamente il più ambiguo, in quanto esistono due versioni dell'apparizione di Kachela: la prima lo fa arrivare dal Burkina Faso; la seconda lo fa emergere dal terreno. Il fatto che queste due versioni convivano è piuttosto interessante, nella misura in cui l'origine settentrionale fa della gente di Kachela un'occorrenza della categoria immigrati, cioè innovatori culturali, prenditori di mogli e portatori dell'istituzione della chieftaincy, mentre l'idea che siano emersi dal suolo li rende tipici rappresentanti della categoria degli autoctoni (cioè signori della terra e datori di mogli). Verosimilmente le due attribuzioni nascono da narrazioni differenti, o da segmenti più specifici: la prima parla di Kachela come immigrato in rapporto ad Akaa, cioè a chi è già sul posto al loro arrivo; la seconda, invece, presenta Kachela come autoctono in rapporto all'antenato della sezione di Kaba, il cacciatore che arriva successivamente. Rispetto a quest'ultimo, Kachela emerge dal terreno, alla stregua dei più proverbiali autoctoni "preculturali" e "privi di storia" delle eziologie in area voltaica. Il laboratorio dell'autoctonia è sempre attivo nella sua trasformazione ciclica dell'estraneo in familiare e del nuovo in tradizionale.

Kaba è un uomo proveniente dall'attuale Ghana, dunque più a sud rispetto alla provenienza altrove attribuita ai cacciatori prenditori di mogli. Questo suggerisce l'ipotesi che sul piano temporale l'arrivo del cacciatore di Kwincha si collochi in una fase successiva rispetto a quella narrata, per esempio, nel mito di Chiana: una prima ondata di migrazioni dal nord al sud c'è già stata, Kaba non viene da Pô, da Nobéré o da Nawouri, ma da un villaggio più a sud. Il fatto che il *kwara* sia noto in questo luogo chiarisce che in questo caso abbiamo a che fare con una comunità che ha già iniziato a costruire la cultura kassena nel territorio dell'attuale Ghana.

Come si può constatare abbastanza agevolmente, la triade Akaa, Kachela, Kaba sembra essere caratterizzata da una logica analoga a quella di Paga (vedi cap. 2). In entrambi i casi, è il terzo elemento della triade ad assumere il ruolo di capo, mentre il secondo ha l'autorità per conferirgli il potere e il primo è un sorta di garante alle spalle degli altri due. La differenza tra i due casi è tuttavia evidente: Paga propone una fiction genealogica secondo cui le tre sezioni traggono origine dai tre figli di un unico antenato fondatore, mentre Kayoro fa esplicito riferimento a tre flussi migratori differenti. Kayoro riproduce in sé la stessa eterogeneità che più in generale si può attribuire all'insieme kassena. Quest'ultimo caso, dunque, oltre ad aggiungere molteplicità al più ampio laboratorio etnico delle origini dei Kassena, colloca tale molteplicità all'interno di una singola località, fornendo così un'altra chiave per rendere utopica la ricerca dell'origine come punto idealmente unitario.

5.7 Pô: dai Mossi ai Kassena

Il racconto eziologico di Pô è stato trascritto da Jürgen Zwernemann (1969). Lo presentiamo qui in traduzione fedele dal francese, con pochissimi interventi in italiano, operati allo scopo di renderlo più scorrevole. Secondo quanto riportato da Zwernemann, la vicenda di Pô parte dalla sezione di Asio, che è stata fondata da Nablogo, un mossi originario di Nobéré, ed è ancora abitata dai suoi discendenti, i Nablogobia o Nablobia. Al momento del suo arrivo, Nablogo incontrò dei kassena nella zona dell'attuale Pô che apparteneva allora al villaggio di Tamona, a circa 3 chilometri a sudovest di Pô. Nablogo ebbe delle controversie con gli abitanti di Tamona e con gli Ipina, anch'essi considerati kassena. Quando Nablogo si insediò presso Asio, si dedicò immediatamente alla coltivazione di un campo (a questo si deve il toponimo Pô, derivato da "pugho", "campo"). Poco tempo dopo che Nablogo si era stabilito ad Asio, arrivò Gongkwora, originario di Kasana (attuale Ghana), il quale aveva lasciato il suo chiefdom in seguito a dispute di successione. Nonostante suo padre fosse stato il capo di Kasana, alla morte di questi Gongkwora non fu scelto come successore, a causa della brutalità che lo rendeva tristemente noto. Il fatto che egli avesse fratelli cadetti, figli dello stesso padre e della stessa madre, che avrebbero potuto sostenerlo nelle sue scelte, rendeva ancora più temibile l'ipotesi che Gongkwora diventasse capo. Fu per tale ragione che gli abitanti di Kasana preferirono eleggere come capo un fratello classificatorio di Gongkwora, più giovane e privo di fratelli diretti. Gongkwora, in collera, abbandonò il chiefdom. Prima di partire, però, giurò che né lui né i suoi discendenti sarebbero più tornati a Kasana o avrebbero accettato il ruolo di capo. Egli portò con sé tre braccialetti che sono visti tuttora come "i discendenti dei suoi figli più giovani".

Quasi morto di sete, arrivò presso un ruscello che scorreva non lontano da Asio. Era così debole da non essere in grado di dissetarsi da solo. Casualmente, si trovavano lì alcune donne di Nablogo. Gongkwora, che non riusciva più nemmeno a parlare, cercò di farsi capire a gesti, per pregare le donne affinché gli dessero da bere. Per comunicare questo, si prese la gola con una mano, ma le donne, fraintendendo il messaggio, pensarono che volesse minacciarle e si diedero pertanto alla fuga. Quando le donne raccontarono l'accaduto a Nablogo, egli comprese immediatamente che lo sconosciuto doveva essere sul punto di morire di sete. Andò a salvarlo e lo prese al suo servizio. A Kasana, intanto, dopo la partenza di Gongkwora il capo aveva organizzato grandi festeggiamenti, credendo di essersi sbarazzato di ogni fonte di preoccupazione per la sua *chefferie*. Durante i festeggiamenti, la sorella di Gongkwora rubò il *kwara* di Kasana e lo portò a suo fratello, che era nel frattempo entrato al servizio di Nablogo.

Nello stesso periodo erano anche arrivati a Pô due fratelli di Gongkwora, il quale diede il *kwara* a un cadetto, che fondò il villaggio di Kapori (7 chilometri a sud-ovest di Pô). Si dice che tuttora il *kwara* di Kasana sia lì. Il fratello più giovane (Yagi o Adyita) fondò invece il quartiere di Agôno ed è l'antenato del capo attuale di Pô. Allorché Gongkwora, i suoi fratelli e il *kwara* erano ormai a Pô, gli altri abitanti di Kasana li seguirono e fondarono il quartiere di Naku, che successivamente ha sempre fornito le guardie del corpo ai capi di Pô.

Perso il *kwara*, Kasana si avviò al declino e si ridusse col tempo a tre concessioni (sezioni). Si ritiene che se gli abitanti di Kasana riuscissero a rapire un discendente diretto e stimato di Gongkwora, lo riportassero a Kasana e lo nominassero capo, il *kwara* dovrebbe tornare laggiù. I membri della famiglia di un capo eletto in questa maniera (vale a dire tutti i discendenti di Gongkwora) e i loro sostenitori tornerebbero allora a Kasana, in quanto "lo stesso Gongkwora sarebbe tornato"; essi riporterebbero dunque il *kwara* al suo luogo d'origine. Ma si dice anche che, in questo caso, il nuovo capo morirebbe nel giro di tre anni.

Per via del suo giuramento, Gongkwora non poteva custodire personalmente il *kwara*, mentre non si separò mai dai suoi tre braccialetti, che devono restare assolutamente a Pô. Se dovessero essere portati via, anche Pô si ridurrebbe presto a tre concessioni.

Gongkwora sposò una figlia di Nablogo e fondò il quartiere di Kasno. Dopo il matrimonio di Gongkwora, i Gongkworabia (i discendenti di Gongkwora) e i Nablobia (i discendenti di Nablogo) non hanno più il diritto di sposarsi tra loro. I Nablobia sono parenti matrilineari dei Gongkworabia.

Come si è già detto, Nablogo aveva avuto dei conflitti con gli abitanti di Tamona già prima dell'arrivo di Gongkwora. Gongkwora intervenne in queste lotte e finì per conquistare il territorio. Cominciò piazzando delle frecce avvelenate, con la punta rivolta verso l'alto, sul fondo di un piccolo fiume presso il quale gli abitanti di Tamona avevano l'abitudine di pescare. Molte persone morirono in questa maniera, ma Gongkwora non riusciva comunque a ottenere la vittoria. Per questa ragione egli fece appello a un guerriero dagomba di Gambaga, che possedeva un potere magico molto forte. Il guerriero dichiarò che perché il suo potere agisse era necessario che Pô avesse un *kwara*. Nel frattempo, Pô aveva raggiunto un tale numero di abitanti che un capo e un *kwara* erano diventati necessari. Gongkwora si recò a Kapori con il suo fratello più giovane che ne sarebbe poi diventato il capo e si rifiutò di consegnare il *kwara*. In seguito a questo, Gongkwora e il suo cadetto portarono a Kapori numerosi buoi, delle capre, dei braccialetti ecc. Il capo di Kapori finì per sentirsi pronto a fabbricare un nuovo *kwara*. Lo diede ai Nugabia, che lo portarono a Pô. Da allora, fino ai giorni nostri, qualunque pretendente al titolo di capo di Pô deve portare numerosi doni al capo di Kapori. Con l'aiuto del *kwara*, Tamona finì per essere battuta. I discendenti del guerriero dagomba formano i Nôêbia, che da allora forniscono guerrieri al capo.

Il figlio anziano di Gongkwora, Guya, è l'antenato dei Guyabia e il fondatore del quartiere Guyu. Il secondo figlio, Asoguya, fondò gli Asoguyabia, che abitano i quartieri Kaporo e Kanzuno. Il terzo figlio, Kutyê, rimase a Kasno. I suoi discendenti, i Kutyêbia, non occupano che una porzione del quartiere. Vicinissimo alla frazione dei Kutyêbia c'è un baobab sacro, sotto il quale si dice si trovi la tomba di Gongkwora. Kutyê all'origine era il signore della terra di Kasno. Ai suoi tempi ci fu un violento scontro tra gli Yagibia: un uomo aveva rubato delle arachidi al suo fratello anziano, che lo aveva ucciso con una freccia. Quest'ultimo fu allora espulso dagli Yagibia e si sarebbe voluto installare a Pounkouyan (9 chilometri a est-nord-est di Pô), ma Kutyê voleva impedire la sparizione dei parenti di Gongkwora, così nominò l'esiliato a signore della terra di Kasno. Al momento della presa dell'incarico, il rifugiato dovette giurare di rinunciare permanentemente (assieme ai suoi discendenti) a reclamare la *chefferie*. I suoi discendenti, gli Abogobia, hanno tuttora il ruolo di signori della terra di Kasno.

Anche nel caso del mito di Pô sono riscontrabili da un lato alcuni motivi ricorrenti, quelli che conferiscono un'aura di somiglianza culturale su base regionale (la riconoscibilità di un "mondo kassena") e che non sarà il caso di sottolineare ulteriormente in questa sede, e dall'altro alcune peculiarità che rendono l'idea di una specifica traiettoria storica, unica e irripetibile, quella della singola località. Il mito di Pô contribuisce ad arricchire il nostro percorso in modo significativo, in quanto aggiunge i Mossi al catalogo di origini differenti.

Secondo Zwernemann, infatti, Nablogo altri non è che Naba Biliogo, che nella tradizione orale dei Mossi di Nobéré sarebbe stato procreato da uno spirito e da una moglie del Mogho Naba Ubri. Con l'accordo del suo padre umano, Biliogo conquistò la *chefferie* di Nobéré, che all'epoca era poco abitata (Zwernemann, 1969, p. 7). Zwernemann presenta una sintesi della storia locale secondo la quale il potere a Pô deve essere passato dai Mossi ai Kassena. Per quanto riguarda Gongkwora, questi rappresenta l'incunearsi dei Kassena emergenti in un territorio dei Mossi. A parere dello studioso, peraltro, gli uomini commemorati dai Kassena di Pô rispettivamente come Nablogo e Gongkwora in realtà non si sono mai incontrati, in quanto molto probabilmente vissero in epoche differenti. Alla stessa maniera, se davvero Adyita era il fratello minore di Gongkwora, questo è avvenuto in concomitanza con l'arrivo degli immigrati al seguito di quest'ultimo, che ha mutato gli equilibri locali e portato alla fine al potere dei Mossi. È verosimile, però, che questo in realtà sia avvenuto successivamente, quando i discendenti degli immigrati avevano raggiunto una presenza cospicua, e che Adyita fosse solo un discendente di Gongkwora o di una persona a quest'ultimo legata.

Indipendentemente dalla tempistica e dalle modalità di questo passaggio di potere, che esulano dal campo di interesse di questo lavoro, il racconto di Pô aggiunge una nuova dimensione di difformità e pluralità alla questione delle origini, in quanto ci consegna l'immagine di una località mossi che *diventa* kassena, e quindi rende del tutto improbabile l'accostamento agli altri percorsi di fondazione che abbiamo visto.

5.8 Navrongo: dai Dagomba ai Kassena

La storia di Navrongo (un chiefdom misto, kassena-nankana), raccolta e trascritta dall'etnografo ghanese Albert Awedoba (1985), parte dalle vicende di Kambongona, uno schiavista che viene ricordato come ashanti. Impossibilitato a continuare le sue attività in quanto gravemente ferito a una gamba, viene abbandonato dai compagni con la moglie. Kambongona recupera la migliore forma fisica quando un idiurus[6] salta sulla ferita, facendola riaprire. L'uomo viene a quel punto curato dalla moglie, per poi fare giuramento e fare dell'animale che lo ha salvato il tabu della sua discendenza. Secondo Awedoba, peraltro, il

6. Awedoba (1985, p. 41) parla di uno "squirrel". Si è scelto di tradurre *squirrel* non come scoiattolo, ma come idiurus, meglio noto come topo volante.

tabu è ancora rispettato da alcune sezioni di Navrongo, quelle che si richiamano alla discendenza di Butu, figlio di Kambongona. Kambongona si trasferisce verso nord, a Zeko, nell'attuale Burkina Faso, dove diventa capo. Suo figlio Butu, dopo una contesa con i fratelli, lascia l'insediamento paterno portando con sé il *kwara*, si muove verso sud, dove viene accolto dalla gente di Telania. Da questi, che vivono in buchi sotterranei, ottiene un posto nel quale insediarsi. Il nome Navrongo deriva da Navoro, primo nome dell'insediamento, scelto da Butu in quanto al suo passaggio la terra si sbriciola, cede ai suoi piedi, producendo il suono "voro". Un'altra versione di cui Awedoba dà conto, senza accreditarla, è quella riportata da Gagnon (1956), che colloca le origini dei Kassena-Nankana nel regno Dagomba, a Yendi.

Quando Butu arriva a Telania (che oggi è parte del *sub*chiefdom di Pungu, sottoposto a Navrongo), viene accolto dall'anziano degli autoctoni, Wuntenga, il signore della terra. Il successo di Butu nel farsi accettare è legato alla potenza del *kwara*, da lui introdotto, che si dimostra più efficace delle divinità della terra, il cui culto era caratteristico degli autoctoni. Infine, accanto a Butu, arrivano nella stessa area altri immigrati che provengono da Zeko, tra i quali Wusem, antenato di vari insediamenti di Pungu, e Gwala, antenato dei Gwalabia (letteralmente, "figli di Gwala").

A parere di Awedoba, è piuttosto improbabile che Kambongona fosse davvero un ashanti, in quanto gli Ashanti non si spingevano a nord del Volta nero per razziare schiavi. L'antropologo ghanese reinterpreta piuttosto la narrazione delle origini di Navrongo partendo dall'etimologia del nome Kambongona, che va scomposto in "kambonga" e "gona", vale a dire "lo zoppo kambonga", cioè lo zoppo ashanti, dove "ashanti" può essere inteso per estensione come "uomo del sud". Tuttavia, e più precisamente, il nome Kambonga deriverebbe da *kombonga* o *kombonse*, che nelle lingue more-dagbani designa un'istituzione militare, un corpo di guardie del capo o del re. L'istituzione sarebbe stata mutuata dai Dagomba sul modello degli Ashanti, all'epoca dell'invasione di questi ultimi nel territorio dei primi. Il legame tra l'istituzione dei Kombonse e gli Ashanti sarebbe confermato da notizie secondo cui i leader kombonse avrebbero avuto degli sgabelli come emblema del loro ruolo, alla maniera ashanti, piuttosto che delle pelli, alla maniera dei popoli del nord del Ghana.

Awedoba colloca la fondazione di Navrongo intorno alla metà del XVIII secolo in quanto è verosimile che l'invasione degli Ashanti in territorio Dagomba sia avvenuta intorno al 1744-1745. Il nostro Kambongona non sarebbe dunque un ashanti, ma un uomo legato al regno dei Dagomba e appartenente a un'istituzione influenzata dal modello militare degli Ashanti. Un'ulteriore prova a sostegno sarebbe che i Dagomba pagavano agli Ashanti un tributo annuale di 2000 schiavi. Kambongona sarebbe dunque uno dei *kambonse* dagomba che si inoltrarono verso nord per compiere razzie schiaviste legate al tributo da pagare agli Ashanti (vedi Mangiameli, 2016b).

Il mito di Navrongo contribuisce con tutta evidenza all'ulteriore ampliamento della molteplicità interna alle origini kassena. Lo fa aggiungendo un'ulteriore affiliazione etnica alle variegate linee di influenza che abbiamo visto in precedenza. All'origine di Navrongo c'è un uomo di provenienza ashanti, secondo la versione del mito raccolta da Awedoba, oppure un dagomba, secondo l'attenta rilettura etimologica proposta dallo stesso antropologo. Sono qui in gioco il peso da attribuire alle voci che emergono dal lavoro di campo e la possibilità o la necessità di correggere in parte le testimonianze facendo appello a una loro dimensione metaforica, simbolica o allusiva. Certamente la differenza tra l'opzione ashanti e l'opzione dagomba è significativa dal punto di vista dell'interpretazione storiografica. Tuttavia, nell'ambito del percorso che abbiamo affrontato in questa sede, quello volto a illustrare la declinazione plurale del tema dell'origine in contesto kassena, la scelta tra le due opzioni è indifferente.

Navrongo offre spazio per una riflessione ulteriore. In questo caso il mito produce un interessante cortocircuito culturale, storico e politico, nella misura in cui non solo pone all'origine di un chiefdom kassena un soggetto con altra affiliazione etnica, cosa che non sorprende più di tanto, ma sceglie di fatto un rappresentante dei carnefici dei Kassena (o dei Gurunsi, se si preferisce): uno schiavista. Lo schiavismo si pone come fattore plasmante che diede forma a un'invenzione etnica, i Gurunsi (vedi cap. 3) e per di più entra addirittura nella formula costitutiva di un chiefdom kassena (sebbene si tratti, più precisamente, di un contesto dichiaratamente "misto", il chiefdom kassena-nankana di Navrongo). In ogni caso, Navrongo, che si trova solo a una decina di chilometri da Paga, aggiunge un'altra dimensione, l'ultima di questa rassegna, alla pluralità dell'origine kassena.

5.9 Riflessioni conclusive sulla poligenesi kassena

Procedendo alla luce dell'intenzione di "prendere sul serio l'indigeno", siamo giunti a constatare che i racconti delle origini kassena differiscono fortemente gli uni dagli altri nelle indicazioni geografiche, etniche e/o linguistiche relative agli immigrati. Le evidenti differenze nel capitale culturale attribuito a ciascun fondatore rendono poco credibile qualunque tentativo di giungere a una spiegazione unitaria dell'origine dei Kassena. Queste tracce di differenza nel mito possono contenere un fondo di verità molto importante: a queste corrispondono distinte sequenze evenemenziali che portarono alla costituzione di una molteplicità di comunità attraverso soluzioni e mediazioni irriducibilmente locali e specifiche. Sono opportune, dunque, le precisazioni di Kibora (2003, p. 276), il quale sottolinea l'estrema variabilità delle tradizioni dei Kassena da chiefdom a chiefdom, e quelle di Liberski-Bagnoud (2002, p. 39), che nega che i Kassena abbiano una "origine comune".

Esaminando i racconti, abbiamo avuto modo di prendere contatto con elementi ricorrenti, da un lato, e con variazioni, dall'altro. I primi segnalano l'esistenza di una rete di somiglianze di famiglia che tende a dare corpo all'idea di una cultura kassena, intesa in questo caso come competenza su un certo ambito di idee e come modalità di messa in forma della memoria. Le variazioni invece sono interpretabili come segnali di circostanze specifiche e irripetibili, cioè come microsequenze storiche particolari. In quanto tali, queste possono essere valorizzate, pur nel loro carattere frammentario, allo scopo di delineare un abbozzo di ricostruzione storica.

I dettagli sull'apparizione del *kwara*, per esempio, forniscono un saggio della variabilità di cui sopra, così come le informazioni che possiamo ottenere circa le modalità di produzione e riproduzione del feticcio stesso. Accanto alla modalità diadica, in cui per esempio A cede il *kwara* a B, abbiamo visto la modalità triadica, riscontrabile nelle eziologie di Kayoro e Paga. Nel mito di Kayoro i rapporti tra Kachela e Kaba prendono esattamente la forma della relazione riscontrabile tra Kayilo e Kakuŋu nel mito di Paga. Alle spalle di entrambe le diadi di sezioni, però, permane un terzo villaggio, più anziano, che svolge una funzione di garanzia rituale della chieftaincy: Akaa (a Kayoro), Nania (a Paga). Se l'omologia strutturale tra le due situazioni permette di percepire una sorta di "aura di kassenità", le differenti traiettorie messe in scena da Kayoro e da Paga ci dicono con tutta chiarezza che non c'è un'origine kassena, ma ce ne sono tante, se la sola Kayoro pone alla propria origine tre flussi migratori differenti tra loro.

Anche la spiegazione del nome nei vari casi che abbiamo visto spinge in questa direzione. Sia per Paga sia per Kaya, almeno nella versione di Kibora (2003), il toponimo è tratto da una frase dell'immigrato fondatore. Per quanto riguarda Paga, la frase è espressa in kasem: *A yi paga ywo*, cioè "i miei occhi ammirano questo posto". Nel caso di Kaya, il cui fondatore è un fulani, invece, la frase è espressa in more: *bas tim zind ka ya, ka ya sooma*, cioè "lascia che mi accomodi qui, è meglio" (Kibora, 2003, p. 279). Alla stessa maniera, il mito di Chiana tematizza esplicitamente una difficoltà comunicativa che fa pensare a un incontro tra soggetti parlanti lingue differenti. Nel mito di Navrongo si fa derivare il toponimo da *navoro*, termine onomatopeico connesso al rumore prodotto dallo sbriciolarsi della terra del luogo, molto friabile, al passaggio del fondatore Butu. Il toponimo nasce dunque da un equivoco: Butu chiese il nome del posto, "qui", indicando la terra. Gli autoctoni pensarono che si riferisse alla terra, e gli risposero etichettandone le caratteristiche in kasem. Questo implicherebbe che la lingua degli autoctoni di Navrongo fosse il kasem e che il fondatore Butu appartenesse a un altro gruppo etnico: come si è detto, Kambongona, il "padre" del fondatore del chiefdom di Navrongo, era probabilmente un dagomba. La questione dell'incomprensione si pone anche per il caso di Pô, nel quale il fondatore inizialmente non riesce a parlare, ma comunica a gesti (Zwernemann, 1969). L'assenza nel mito di Paga di riferimenti di qualunque tipo a una difficoltà comunicativa fa pensare che l'autoctono e l'immigrato parlassero la stessa lingua, il kasem, mentre l'esplicita categorizzazione etnica del fondatore di Kaya come fulani e la sua difficoltà di comunicare non permettono di dubitare minimamente che quello narrato nel mito di Kaya sia stato un incontro tra membri di gruppi etnici differenti.

Il motivo ricorrente degli autoctoni primitivi o addirittura preculturali che farebbero il "salto nella cultura" a partire dall'incontro con gli immigrati innovatori non può essere applicato nella casistica che abbiamo esaminato, se non con qualche forzatura: Chiana presenta l'autoctono attraverso la sua attività di fabbro (Howell, 1997), nel mito di Pô sono già "i Kassena" ad accogliere l'immigrato dal nord (Zwernemann, 1969), così come nel mito di Navrongo gli autoctoni parlano kasem e sono "signori della terra" (Awedoba, 1985), mentre nel caso di Paga le regole di ospitalità e le norme relative all'accordo matrimoniale tratteggiano autoctoni ampiamente dotati di un proprio apparato culturale. Nel mito di Tiakané, un enigmatico autoctono, più vicino al non umano che all'umano preculturale, svanisce immediatamente dopo l'incontro con l'immigrato Zaguirou (Liberski-Bagnoud, 2002). L'apparizione, al suo posto, di una collinetta farebbe ricondurre l'episodio non all'incontro tra una forma di umanità progredita e una primitiva, ma al primo impatto tra il nuovo arrivato e le divinità della terra (i *taŋwana*). L'episodio appartiene a una rappresentazione di altro genere, quella che racconta il disvelarsi della morfologia del paesaggio agli occhi dell'umano, mentre la comunità in cui

Zaguirou si imbatte successivamente, sebbene "senza nome", è tutt'altro che preculturale, al punto che il leader locale possiede già il *kwara* e lo assegna a Zaguirou in punto di morte.

Questa variabilità non merita di essere sottoposta a una riduzione di complessità che ne farebbe una sorta di ornamento ricco e confuso al di sopra di un unico, semplice e lineare processo di etnogenesi. A questo proposito è il caso di richiamare un aspetto significativo e critico della categoria etnica dei Gurunsi già accennato in precedenza (cap. 3): i Gurunsi ricevono una definizione in negativo, all'insegna della mancanza, come agglomerato residuale rispetto a entità ben definite di cui sarebbe la negazione. Secondo questa definizione, con l'etichetta "Gurunsi" ci si riferisce a coloro i quali non sono né i Mossi, né i Dagomba, né i Mamprusi e non occupano né il territorio mossi, né il territorio dagomba, né il territorio mamprusi. E ancora, i Gurunsi sono coloro i quali non hanno costituito un regno pur essendo circondati dai regni. Questa definizione residuale può essere intesa come problematica e dunque sollecitare un supplemento di indagine che porti a una descrizione di un altro genere e di un altro spessore, oppure può essere acquisita in quanto tale. Quella che potrebbe essere vista come una debolezza della categoria "Gurunsi" può diventare un tratto distintivo della categoria "Kassena", che è generalmente citata come sottogruppo della prima. Rovesciamo i termini della questione: e se fosse andata proprio così? E se non ci fosse niente da decostruire? E se davvero i Kassena non fossero che questo?

La variabilità interna al campo dei racconti eziologici dei Kassena è assolutamente evidente. È possibile giungere a una comprensione coerente, a partire da un presupposto che potrebbe apparire sorprendente: immaginiamo che tutto questo sia "vero", immaginiamo che i racconti eziologici esprimano una verità profonda che ci appare imprecisa solo in superficie, una verità riscontrabile solo attraverso l'integrazione di numerosi punti di vista locali, nessuno dei quali da solo potrebbe altrimenti avervi accesso. Questa verità profonda consiste nella molteplicità intrinseca alla categoria etnica dei Kassena, con il contributo di alcuni dei profili culturali rintracciabili nelle vicinanze, che sono coinvolti nelle vicende di fondazione di specifiche località kassena, ma sempre in maniera unica e irripetibile. A dispetto di un'eventuale ansia di individuare un principio comune, una "sorgente etnica" unica per quanto mitica, i Kassena sono altro.

Privi di un'origine comune, i Kassena si costituiscono nel tempo a partire dalle diversità insite nella loro poligenesi, invece di mettere in scena una monogenesi che non riveste necessariamente un interesse significativo dal loro punto di vista né si vede assegnare un valore particolare dall'antropologia culturale. L'origine plurale è il fondamento perdurante della loro atipicità.

BIBLIOGRAFIA

ABASI, A.H.K. (1995), "*Lua-lia*, the 'fresh funeral': Founding a house for the deceased among the Kasena of north-east Ghana". In *Africa*, 65, pp. 448-475.

AIME, M. (1996), "Il carbone e la cenere: Capi della terra e capi politici presso i Tangba del Benin". In *Africa. Rivista trimestrale di studi e documentazione dell'Istituto Italo-Africano*, 51, pp. 340-367.

AIME, M. (2005), *L'incontro mancato. Turisti, nativi, immagini*. Bollati Boringhieri, Torino.

ALLOVIO, S. (2015), *Riti di iniziazione. Antropologi, stoici e finti immortali*. Raffaello Cortina, Milano.

AMSELLE, J.-L. (2008), *Il distacco dall'Occidente*. Tr. it. Meltemi, Roma 2009.

AMSELLE, J.-L., M'BOKOLO, E. (1985) (a cura di), *L'invenzione dell'etnia*. Tr. it. Meltemi, Roma 2003.

ASSMANN, J. (1992), *La memoria culturale*. Tr. it. Einaudi, Torino 1997.

AUGÉ, M. (1988), *Il dio oggetto*. Tr. it. Meltemi, Roma 2002.

AWEDOBA, A.K. (1985), *Aspects of Wealth and Exchange with Reference to the Kasena-Nankana of Ghana*. Tesi di dottorato, Università di Oxford.

AWEDOBA, A.K. (2000), *An Introduction to Kasena Society and Culture through Their Proverbs*. University Press of America, Lanham (MD).

AWEDOBA, A.K. (2006), "Modes of succession in the Upper East Region of Ghana". In ODOTEI, I.K., AWEDOBA, A.K. (a cura di), Chieftaincy *in Ghana. Culture, governance and development*. Sub-Saharan Publishers, Accra (GH), pp. 409-427.

BALANDIER, G. (1988), *Il disordine. Elogio del movimento*. Tr. it. Dedalo, Bari 1991.

BARKER, P. (1986), *Peoples, Languages, and Religion in Northern Ghana. A Preliminary Report*. Ghana Evangelism Committee in association with Asempa Publishers, Accra (GH).

BARTH, F. (1969) (a cura di), *Ethnic Groups and Boundaries*. Little, Brown and Company, Boston.

BATESON, G. (1972), *Verso un'ecologia della mente*. Tr. it. Adelphi, Milano 1976.

BATIGA, S. (1985), *Approche de la société Kasina précoloniale. Région de Pô*. Tesi di laurea magistrale, Università di Ouagadougou.

BAYILI, E. (1983), *Les populations Nord-nuna (Haute-Volta) des origines à 1920*. Tesi di dottorato, Università Panthéon-Sorbonne Paris 1.

BAZÈMO, M. (2001), "L'apport de l'esclavage dans la construction de l'ethnie gurunsi au Burkina Faso". In *Cahiers du Centre d'études et de recherche en lettres sciences humaines et sociales (CERLESHS)*, 1, 2001; versione elettronica 2008, pp. 7-13.

BINGER, L.V. (1892), *Du Niger au golfe de Guinée, par le pays de Kong et le Mossi, par le capitaine Binger (1887-1889). Ouvrage contenant une carte d'ensemble, de nombreux croquis de detail et cent soixante-seize gravures sur bois d'apres le dessins de Riou*. Hachette, Paris.

BLOCH, M. (1993), "Un tentativo di incontro: Il concetto di paesaggio tra gli Zafimaniry del Madagascar". Tr. it. in FABIETTI, U. (a cura di), *Il sapere dell'antropologia. Pensare, comprendere, descrivere l'Altro*. Mursia, Milano, pp. 189-202.

BLOCH, M. (1998), *How We Think They Think. Anthropological Approaches to Cognition, Memory, and Literacy*. Westview Press, Boulder (CO).

BONVINI, E. (1988), *Prédication et enunciation en kasim*. Editions du Centre National de la Recherche Scientifique, Paris.

BOURDIER, J.-P. (1982), *Architecture kasena*. Editions du Moniteur, Paris.

BOWDICH, T.E. (1873), *Mission from Cape Coast Castle to Ashantee*. Griffith and Farran, London.

CACCICO, G. (1994), "L'interrogazione del cielo: La divinazione presso i Kasena". In *Africa. Rivista trimestrale di studi e documentazione dell'Istituto Italo-Africano*, 49, pp. 428-437.

CACCICO, G., COLOMBO, E. (1994), "Cerimonie funebri Kasena: L'incenerimento della faretra". In *Africa. Rivista trimestrale di studi e documentazione dell'Istituto Italo-Africano*, 49, pp. 85-95.

CALCHI NOVATI, G., VALSECCHI, P. (2005), *Africa: la storia ritrovata. Dalle prime forme politiche alle indipendenze nazionali*. Carocci, Roma.

CARDINALL, A.W. (1920), *The Natives of the Northern Territories of the Gold Coast*. Negro Universities Press, New York.

CARDINALL, A.W. (1931), *The Gold Coast, 1931. A Review of the Conditions of the Gold Coast in 1931 as Compared with Those of 1921*. Government Printer, Accra (GH).

CLIFFORD, J., MARCUS, G.E. (1986) (a cura di), *Scrivere le culture. Poetiche e politiche dell'etnografia*. Tr. it. Meltemi, Roma 1997.

COHEN, A. (1974), "La lezione dell'etnicità". Tr. it. in MAHER, V. (a cura di), *Questioni di etnicità*. Rosenberg & Sellier, Torino 1994, pp. 135-151.

CORBETTA, P. (2003), *La ricerca sociale. Metodologia e tecniche*, vol. 3: *Le tecniche qualitative*. il Mulino, Bologna.

DER, B.G. (1980), "God and sacrifice in the traditional religions of the Kassena and the Dagaba of northern Ghana". In *Journal of Religion in Africa*, 11, pp. 172-187.

DER, B.G. (1998), *The Slave Trade in Northern Ghana*. Woeli Publishing Services, Accra (GH).

DERRIDA, J. (1967), *La scrittura e la differenza*. Tr. it. Einaudi, Torino 1990.

DESCOLA, P. (2005), *Oltre natura e cultura*. Tr. it. SEID, Firenze 2014.

DITTMER, K. (1961), *Die sakralen Häuptlinge der Gurunsi im Obervolta-Gebiet Westafrica*. Cram, De Gruyter und Co, Hamburg.
DRUCKER-BROWN, S. (1975), *Ritual Aspects of the Mamprusi Kingship*. Afrika-Studiecentrum, Leiden; African Studies Centre, Cambridge.
DUPERRAY, A. (1984), *Les Gourounsi de Haute-Volta*. Steiner, Stuttgart.
ECHENBERG, M.J. (1971), "Late nineteenth-century military technology in Upper Volta". In *The Journal of African History*, 12, pp. 241-254.
EVANS-PRITCHARD, E.E. (1937), *Stregoneria, oracoli e magia tra gli Azande*. Tr. it. Raffaello Cortina, Milano 2002.
EVANS-PRITCHARD, E.E. (1940), *I Nuer. Un'anarchia ordinata*. Tr. it. FrancoAngeli, Milano 2002.
EVANS-PRITCHARD, E.E. (1950), "Social anthropology: Past and present (The Marett Lecture, 1950)". In *Man*, 50, pp. 118-124.
EYRE-SMITH, J. (1933), *A Brief Review of the History and Social Organisation of the Peoples of the Northern Territories of the Gold Coast*. The Government Printer, Accra (GH).
FABIAN, J. (1983), *Il tempo e gli altri. La politica del tempo in antropologia*. Tr. it. L'ancora del Mediterraneo, Napoli 2000.
FABIETTI, U. (1998), *L'identità etnica*. Carocci, Roma.
FABIETTI, U. (2014), *Materia sacra. Corpi, oggetti, immagini, feticci nella pratica religiosa*. Raffaello Cortina, Milano.
FAVOLE, A. (2010), *Oceania. Isole di creatività culturale*. Laterza, Roma-Bari.
FERGUSON, G.E. (1974), "The peoples of the Northern Territories". In ARHIN, K. (a cura di), *The Papers of George Ekem Ferguson. A Fanti Official of the Government of the Gold Coast (1890-1897)*. Africa Studiecentrum, Leiden, pp. 64-107.
FIEDERMUTZ-LAUN, A. (2005), "The house, the hearth and the granary: Symbols of fertility among the West African Kasena". In *The Medieval History Journal*, 8, pp. 247-265.
FORTES, M. (1945), *The Dynamics of Clanship among the Tallensi, Being the First Part of an Analysis of the Social Structure of a Trans-Volta Tribe*. Oxford University Press, London.
FORTES, M. (1987) (a cura di J. Goody), *Religion, Morality and the Person. Essays on Tallensi Religion*. Cambridge University Press, Cambridge.
FROBENIUS, L. (1912), *Und Afrika sprach*. Vita, Berlin.
GAGNON, C. (1956), *Moeurs et coutumes indigènes de la tribu de Kassénés de la Mission de Navrongo*. Manoscritto non pubblicato, disponibile presso la Biblioteca del Padri Bianchi a Roma.
GEERTZ, C. (1973), *Interpretazione di culture*. Tr. it. il Mulino, Bologna 1998.
GOMGNIMBOU, M. (2003), "Les sources de l'histoire du peuplement du pays kasena". In KUBA, R., LENTZ, C., SOMDA, C.N. (a cura di), *Histoire du peuplement et relations interethniques au Burkina Faso*. Karthala, Paris, pp. 259-273.
GOMGNIMBOU, M. (2001), "L'esclavage au Kassongo précolonial". In *Cahiers du Centre d'études et de recherche en lettres sciences humaines et sociales (CERLESHS)*, 1, 2001; versione elettronica 2008, pp. 23-33.
GOODY, J. (1954), *The Ethnography of the Northern Territories of the Gold Coast*. Colonial Office, London.

GOODY, J. (1956), *The Social Organization of the LoWiili*. Her Majesty's Stationery Office, London.
GOODY, J. (1967), "The Over-Kingdom of Gonja". In FORDE, D., KABERRY, P. (a cura di), *West African Kingdoms in the Nineteenth Century*. Oxford University Press, New York, pp. 179-205.
GOODY, J. (1972), *The Myth of the Bagre*. Clarendon Press, Oxford.
GOODY, J. (1998), *Cibo e amore. Storia culturale dell'Oriente e dell'Occidente*. Tr. it. Raffaello Cortina, Milano 2012.
GOODY, J. (2000), *Il potere della tradizione scritta*. Tr. it. Bollati Boringhieri, Torino 2002.
GOODY, J. (2006), *Il furto della storia*. Tr. it. Feltrinelli, Milano 2008.
GOODY, J., WATT, I. (1963), "The consequences of literacy". In *Comparative Studies in Society and History*, 5, 1, pp. 304-345.
GRIAULE, M. (1948), *Dio d'acqua. Incontri con Ogotemmeli*. Tr. it. Bollati Boringhieri, Torino 2002.
HAHN, H.P. (2003), "A propos d'une histoire régionale des Kassena au Burkina Faso". In MADIEGA, Y.G., NAO, O. (a cura di), *Burkina Faso. Cent ans d'histoire, 1895-1995*. Karthala, Paris, pp. 1431-1441.
HERTZ, R. (1907), *Sulla rappresentazione collettiva della morte*. Tr. it. Savelli, Roma 1978.
HOWELL, A.M. (1997), *The Religious Itinerary of a Ghanaian People. The Kasena and the Christian Gospel*. Peter Lang, Frankfurt am Main.
HUBBELL, A. (2001), "A view of the Slave Trade from the margins: Souroudougou in the late Nineteenth-Century Slave Trade of the Niger Bend". In *The Journal of African History*, 42, 1, pp. 25-47.
INGOLD, T. (2000a), "Caccia e raccolta come modi di percepire l'ambiente". Tr. it. in CONSIGLIERE, S. (a cura di), *Mondi Multipli*, vol. 1: *Oltre la grande partizione*. Kaiak Edizioni, Napoli 2014, pp. 89-127.
INGOLD, T. (2000b), *The Perception of the Environment. Essays in Livelihood, Dwelling and Skill*. Routledge, London.
INGOLD, T. (2008), "Anthropology is not ethnography". In *Proceedings of the British Academy*, 154, pp. 69-92.
INGOLD, T. (2013), *Making. Anthropology, Archaeology, Art and Architecture*. Routledge, London.
INGOLD, T., HALLAM, E. (2007) (a cura di), *Creativity and Cultural Improvisation*. Berg, Oxford.
INGOLD, T., PALSSON, G. (2013) (a cura di), *Biosocial Becomings. Integrating Social and Biological Anthropology*. Cambridge University Press, Cambridge.
IZARD, M. (2000), *Moogo. L'émergence d'un espace étatique ouest-africain au XVIe siècle*. Karthala, Paris.
JUA, F. (1998), "The impact of the slave trade on the Sisaala". In HOWELL, A.M. (a cura di), *The Slave Trade and Reconciliation. A Northern Ghanaian Perspective*. Bible Church of Africa, SIM Ghana, Accra (GH), pp. 12-17.
KENRICK, J., LEWIS, J. (2004), "'Indigenous peoples' rights and the politics of the term 'indigenous'". In *Anthropology Today*, 20, 2, pp. 4-9.
KIBORA, L. (2003), "Mythes d'origine comme fondement du peuplement et de l'organisation sociale du village kasena de Kaya-Navio". In KUBA, R.,

LENTZ, C., SOMDA, C.N. (a cura di), *Histoire du peuplement et relations interethniques au Burkina Faso*. Karthala, Paris, pp. 275-288.

KLEIN, M.A. (2001), "The slave trade and decentralized societies". In *The Journal of African History*, 42, 1, pp. 49-65.

KOELLE, S.W. (1854), *Polyglotta Africana, or a Comparative Vocaboulary of Nearly Three Hundred Words and Phrases, in More than One Hundred Distinct African Languages*. Churh Missionary House, London.

KRÖGER, F. (1982), *Ancestor Worship among the Builsa of Northern Ghana. Religious, Social and Economic Aspects*. Klaus Renner, München.

KUPER, A. (1982), "Lineage theory: A critical retrospect". In *Annual Review of Anthropology*, 11, pp. 71-95.

KUPER, A. (2003), "The return of the native". In *Current Anthropology*, 44, 3, pp. 389-395.

KUPOE, F. (1998), "The impact of the slave trade on the Kasena". In HOWELL, A.M. (a cura di), *The Slave Trade and Reconciliation. A Northern Ghanaian Perspective*. Bible Church of Africa, SIM Ghana, Accra (GH), pp. 18-22.

LAI, F. (2000), *Antropologia del paesaggio*. Carocci, Roma.

LATOUR, B. (2005), *Reassembling the Social. An Introduction to Actor-Network-Theory*. Oxford University Press, Oxford.

LEE, R.B. (2006), "L'indigenismo del XXI secolo". Tr. it. in SAPIGNOLI, M., HITCHCOCK, R.K., MANGIAMELI, G. (a cura di), *La questione indigena in Africa*. Unicopli, Milano 2017, pp. 303-339.

LÉVI-STRAUSS, C. (1962), *Il pensiero selvaggio*. Tr. it. il Saggiatore, Milano 1964.

LÉVI-STRAUSS, C. (1964), *Il crudo e il cotto*. Tr. it. il Saggiatore, Milano 1998.

LEWELLEN, T. (1983), *Antropologia politica*. il Mulino, Bologna 1987.

LIBERSKI-BAGNOUD, D. (1994), "Le lien défait". In *Systèmes de pensée en Afrique noire*, 13, pp. 185-216.

LIBERSKI-BAGNOUD, D. (1996), "La lame du couteau et la mort amere. Violence funéraire, initiation et homicide en pays kasena (Burkina Faso)". In *Systèmes de pensée en Afrique noire*, 14, pp. 211-250.

LIBERSKI-BAGNOUD, D. (2002), *Les dieux du territoire. Penser autrement la généalogie*. CNRS Editions, Paris.

LOVEJOY, P. (1983), *Transformations in African Slavery. A History of Slavery in Africa*. Cambridge University Press, Cambridge.

MAHER, V. (1994) (a cura di), *Questioni di etnicità*. Rosenberg & Sellier, Torino.

MALINOWSKI, B. (1922), *Argonauti del Pacifico occidentale. Riti magici e vita quotidiana nella società primitiva*. Tr. it. Bollati Boringhieri, Torino 2004.

MANGIAMELI, G. (2010), *Le abitudini dell'acqua. Antropologia, ambiente e complessità in Africa occidentale*. Unicopli, Milano 2010.

MANGIAMELI, G. (2013), "The habits of water: Marginality and the sacralization of non-humans in North-Eastern Ghana". In INGOLD, T., PALSSON, G. (a cura di), *Biosocial Becomings. Integrating Social and Biological Anthropology*. Cambridge University Press, Cambridge, pp. 145-161.

MANGIAMELI, G. (2015), "La densità di una transizione: Successione, divinazione e infanticidio nel Ghana nordorientale". In *Antropologia e teatro*, 6, pp. 110-139.

MANGIAMELI, G. (2016a), "Divinità ambientali e creazione perdurante: Un caso di sacralizzazione della natura nel Ghana nordorientale". In *Africa e Mediterraneo*, 1/16, pp. 19-24.

MANGIAMELI, G. (2016b), "L'invenzione precoloniale dei Gurunsi: Le razzie schiaviste e la genesi di un etnonimo in Africa occidentale". *L'Uomo Società Tradizione Sviluppo*, 1, pp. 57-75.

MANGIAMELI, G. (2017), "Il fardello della natura: Indigeni, espulsioni conservazioniste e saggezza ambientale". In SAPIGNOLI, M., HITCHCOCK, R.K., MANGIAMELI, G. (a cura di), *La questione indigena in Africa*. Unicopli, Milano 2017, pp. 245-273.

MARCUS, G.E. (1995), "L'etnografia nel/del sistema-mondo: L'affermarsi dell'etnografia multisituata". Tr. it. in CAPPELLETTO, F. (a cura di), *Vivere l'etnografia*. SEID, Firenze 2009, pp. 155-180.

MARCUS, G.E. (1998), *Ethnography Through Thick and Thin*. Princeton University Press, Princeton.

MARCUS, G.E., FISHER, M.J. (1986) (a cura di), *Antropologia come critica culturale*. Tr. it. Anabasi, Milano 1994.

MEILLASSOUX, C. (1986), *Antropologia della schiavitù. Il parto del guerriero e del mercante*. Tr.. it. Mursia, Milano 1992.

MIZZAU, G. (2001), *La terra degli antenati. Il regime fondiario tradizionale dei coltivatori africani*. FrancoAngeli, Milano.

NICOLAS, F.J. (1947), "La question de l'ethnique 'Gourounsi' en Haute-Volta (AOF)". In *Africa*, 22, pp. 170-172.

ODOTEI, I.K., AWEDOBA, A.K. (2006) (a cura di), Chieftaincy *in Ghana. Culture, Governance and Development*. Sub-Saharan Publishers, Accra (GH).

OLIVIER DE SARDAN, J.P. (1995), "La politica del campo: Sulla produzione dei dati in antropologia". Tr. it. in CAPPELLETTO, F. (a cura di), *Vivere l'etnografia*. SEID, Firenze 2009, pp. 27-63.

PAVANELLO, M. (2010), *Fare antropologia. Metodi per la ricerca etnografica*. Zanichelli, Bologna.

RADCLIFFE-BROWN, A.R. (1952), *Structure and Function in Primitive Society*. Cohen & West, London.

RATTRAY, R.S. (1932), *The Tribes of the Ashanti Hinterland*. Clarendon Press, Oxford.

REMOTTI, F. (1989), "Capitali mobili africane". In REMOTTI, F., SCARDUELLI, P., FABIETTI, U., *Centri, ritualità, potere. Significati antropologici dello spazio*. il Mulino, Bologna, pp. 107-168.

REMOTTI, F. (1990), *Noi, primitivi. Lo specchio dell'antropologia*. Bollati Boringhieri, Torino.

REMOTTI, F. (2010), *L'ossessione identitaria*. Laterza, Roma-Bari.

REMOTTI, F. (2011), *Cultura. Dalla complessità all'impoverimento*. Laterza, Roma-Bari.

RIVOAL, I., SALAZAR, N. (2013), "Contemporary ethnographic practice and the value of serendipity". In *Social Anthropology*, 21, 2, pp. 178-185.

SAPIGNOLI, M., HITCHCOCK, R.K., MANGIAMELI, G. (2017) (a cura di), *La questione indigena in Africa*. Unicopli, Milano.
TAMAKLOE, E.F. (1931), *A Brief History of the Dagbamba People*. Government Printer, Accra (GH).
TEVIU, A., CALLOW, J. (1976), *The Founding of Paga*. Institute of African Studies, University of Ghana, Accra (GH).
TAUXIER, L. (1912), *Les noir du Soudan. Pays Mossi et Gourounsi*. Emile Larose, Paris.
TAUXIER, L. (1924), *Nouvelles Notes sur le Mossi et le Gourounsi*. Emile Larose, Paris.
VANSINA, J. (1960), "Recording the oral history of the Bakuba – I. Methods". In *The Journal of African History*, 1, 1, pp. 45-53.
VANSINA J. (1974), "Comment: Traditions of genesis". In *The Journal of African History*, 15, pp. 317-322.
VANSINA, J. (1985), *Oral Tradition as History*. The University of Wisconsin Press, Madison.
VIAZZO, P.P. (2000), *Introduzione all'antropologia storica*. Roma-Bari, Laterza.
VITI, F. (1998), *Il potere debole. Antropologia politica dell'Aitu nvle*. FrancoAngeli, Milano.
WILKS, I. (1971), "The Mossi and Akan States 1500-1800". In AYASI, J.F.A., CROWDER, M. (a cura di), *History of West Africa*, vol. 1. Longman, London, pp. 344-386.
ZEPPEL, H.D. (2006), *Indigenous Ecotourism. Sustainable Development and Management*. CABI, Wallingford.
ZWERNEMANN, J. (1958), "Shall we use the word Gurunsi?". In *Africa*, 28, pp. 128-136.
ZWERNEMANN, J. (1969), "La fondation de Pô: Essai d'interpretation des traditions orales d'une ville kasena". In *Notes et documents voltaïques*, 2, 2, pp. 3-15.